J. ANGÉ et Cie, éditeurs, rue Guénégaud, 19.

## DERNIÈRE ÉPOQUE DE L'HISTOIRE
## DE CHARLES X,
### PAR M. DE MONTBEL.
1 VOL. IN-18.

Prix : **50** c. l'exempl. et **5** fr. les 11/
20 c. en sus par exempl. par la poste.

L'ouvrage de M. DE MONTBEL sur les derniers moments de Charles X est considéré par tous les royalistes de France comme une publication politique de la plus haute portée : il est destiné à faire connaître au monde cette famille de Bourbon, si souvent frappée et toujours si grande ; aussi tous les hommes de cœur, tous les esprits élevés ont répondu à l'œuvre de M. DE MONTBEL par une éclatante sympathie. Son ouvrage a été lu partout en France et en Europe ; il doit se multiplier davantage encore, il faut qu'il entre dans toutes les familles, il faut qu'il soit lu dans la chaumière comme dans le château, dans la maison du pauvre et dans la maison du riche. C'est aux royalistes à achever cette œuvre si bien commencée. C'est pour leur en faciliter les moyens que l'auteur et l'éditeur, cédant au vœu qui leur était exprimé de toutes parts, se sont déterminés à publier une édition à la portée de toutes les fortunes. Elle vient de paraître dans le format in-18, et se vend chez l'éditeur, rue Guénégaud, n° 19, et dans les bureaux de *la Gazette de France*, de *la Quotidienne* et des autres journaux royalistes de Paris et des Départements.

## LE DUC DE REICHSTADT,
### PAR LE MÊME,
ANCIEN MINISTRE DU ROI CHARLES X.

*Troisième Édition*,

Ornée du Portrait du Duc, de trois FAC-SIMILE, et du Plan des tombeaux des empereurs d'Allemagne.

1 FORT VOL. IN-8°. — PRIX : 7 FR.

Cette édition, pour le papier, les caractères et la justification, est entièrement conforme à l'*Histoire de Napoléon*, par M. de Norvins, dont elle est le complément naturel.

Paris, imprimerie de Decourchant, rue d'Erfurth, n° 1.

# DERNIÈRE ÉPOQUE

DE L'HISTOIRE

# DE CHARLES X.

PARIS. DECOURCHANT, IMPRIMEUR,
1, RUE D'ERFURTH

# DERNIÈRE ÉPOQUE
## DE L'HISTOIRE
# DE CHARLES X,

SES DERNIERS VOYAGES, SA MALADIE,

SA MORT, SES FUNÉRAILLES, SON CARACTÈRE,

ET SES HABITUDES DANS L'EXIL;

SUIVI

Des Actes et Procès-verbaux relatifs à son décès.

## PAR M. DE MONTBEL,
ANCIEN MINISTRE DE SA MAJESTÉ.

. . . . . . . . Quis talia fando
Temperet a lacrymis? . . . . . .

## PARIS,
### J. ANGÉ ET C<sup>ie</sup>, ÉDITEURS,
19, RUE GUÉNÉGAUD;

### VERSAILLES,
MÊME MAISON, LIBRAIRIE DE L'ÉVÊCHÉ,
28, RUE SATORY.

# INTRODUCTION.

⇒-o-⇐

Charles X n'est plus!... Si ce prince, dont la vie avait dépassé l'âge de nos rois, eût succombé à la loi commune, dans sa patrie, dans le palais de ses ancêtres, entouré de l'affection et des regrets de ceux qu'il combla des preuves de sa bienveillance; de ce peuple dont il désirait si loyalement le bonheur et la gloire, la reconnaissance et l'infortune auraient escorté son cercueil, en bénissant sa mémoire, et les hérauts d'armes auraient fait retentir à Saint-Denis le cri français : « Le Roi est mort!... vive le Roi. »

Mais, trois fois banni de sa patrie qu'il aimait, ayant vu tomber une grande partie de sa famille sous la hache, et un fils chéri sous le poignard, proscrit, octogénaire, errant, le bâton d'OEdipe à la main, parmi des peuples étrangers, qui s'inclinaient avec respect devant ce front vénérable, tristement consacré par le diadème, le malheur et la vertu; cherchant loin des palais un modeste asile où pussent reposer dignement son grand âge et ses grandes infortunes; ce prince, frappé seul et soudainement d'un fléau destructeur, au milieu de sa famille et de ses serviteurs éplorés, expire sans murmure, sans faiblesse, et sa dernière parole est une bénédiction pour ses persécuteurs.

Il y a dans ce tableau quelque chose de saisissant, qui froisserait l'âme, si l'on osait interroger les décrets de la Providence, sans se rappeler qu'un grand roi, dont les vertus servirent de modèle à Charles X, mourut aussi sur la terre étrangère, atteint d'un fléau de Dieu. Mais du moins les serviteurs de saint Louis purent rapporter son cercueil sur le sol de la France; l'armée en pleurs accompagna ses longues funérailles; et Philippe, son successeur légitime, d'après nos constitutions fondamentales, déposa lui-même ces restes sacrés dans les tombes royales de Saint-Denis.

Témoin de ces tristes événements de l'exil, des vertus et de la constance du prince qui vient de succomber, j'ai cru devoir à mon pays de lui faire connaître, avec quelques détails, les derniers moments, les dernières paroles, les derniers vœux de ce vieillard proscrit qui fut notre roi : ces paroles et ces vœux appartiennent à la France !

J'ai écrit ces lignes sous l'empire des émotions les plus pénibles, sans ambitionner des succès d'écrivain. Je raconte simplement ce que j'ai vu, ce que j'ai entendu, ce que mon cœur a senti; si mes expressions sont restées au-dessous d'un sujet aussi élevé, il est assez frappant par lui-même pour que l'intérêt des lecteurs ne lui manque pas.

Je crois devoir commencer mon récit au moment où le Roi entreprit les voyages qui se terminèrent d'une manière si funeste.

# CHAPITRE PREMIER.

## SOMMAIRE DU CHAPITRE PREMIER.

※

PRAGUE. — DÉPART DU HRADSCHIN.

# CHAPITRE PREMIER.

—

Des raisons de haute convenance avaient décidé le roi Charles X à ne plus prolonger son séjour dans le château de Prague, que lui avait offert temporairement l'Empereur au moment de son arrivée dans les Etats autrichiens. Ce palais, la seule habitation possible du roi de Bohême, pouvait être souvent occupé par le souverain du pays; il pouvait peut-être même devenir la demeure d'un archiduc vice-roi. Charles X ne pouvait supporter la pensée de gêner par sa présence les projets et les voyages de l'Empereur; il craignit, malgré les instances qui lui furent faites, d'abuser de cette hospitalité.

Il chercha dès lors à former un établissement à peu de distance de Prague; mais, malgré les recherches les plus suivies, les soins les plus assidus, toutes les démarches furent vaines à cet égard: on ne put parvenir à faire aucune acquisition, aucune location convenable.

Alors, sur la réputation du site de Goritz, de la salubrité de son atmosphère et de ses eaux, le Roi se décida à se retirer plus tard dans ce pays mixte, entre l'Allemagne et l'Italie, et qui réunissait, disait-on, les avantages des deux climats. Ce qui amena surtout cette résolution du Roi, c'est la pensée qu'un pays plus chaud que la Bohême pourrait être favorable à la santé de plusieurs vieux serviteurs attachés à son infortune; mais il ne se décida pour ce déplacement qu'avec une extrême répugnance, partagée surtout par madame la Dauphine.

Les bagages de la maison de Charles X et plusieurs personnes de son service furent dirigés vers Goritz, dès le mois de mai, par les soins du baron de Saint-Aubin. Le château du Graffenberg, qui domine la ville à une de ses extrémités, fut loué au comte Coronini, et destiné à l'habitation du Roi et de son petit-fils. M. le Dauphin, madame la Dauphine et Mademoiselle devaient habiter l'hôtel du comte Strasoldo. Quelques autres maisons furent disposées pour recevoir les personnes de la suite. Il fut presque décidé qu'on se rendrait dans cet établissement, après un séjour de quelques semaines à Tœplitz.

Le Roi quitta Prague à peu près vers l'époque où devaient se faire les préparatifs pour le couronnement de Ferdinand Ier et de l'Impératrice-reine. Avant son départ, l'archevêque, le comte de Mennsdorf, commandant militaire de la Bohême, le général prince de Windischgratz, et plusieurs autres personnes considérables vinrent lui exprimer leurs regrets profonds de la résolution qu'il avait prise, et lui témoigner combien la population entière en était péniblement affectée.

Dans cette circonstance le Roi donna à la cathédrale un magnifique ostensoir de vermeil, comme monument des arts de la France, comme souvenir de sa présence dans ce temple, où, chaque jour, il était venu adresser à Dieu de si ferventes prières pour la prospérité de son pays, où chaque jour il avait prononcé le pardon de ceux qui l'avaient proscrit.

Le départ eut lieu à huit heures du matin. Au moment de quitter cet appartement d'où l'on domine la Moldau, le pont si pittoresque qui la traverse, Prague avec ses dômes, ses tours, ses innombrables flèches gothiques, cet ensemble de monuments qui contrastent d'une manière si admirable avec la végétation vigoureuse de la hauteur crénelée du Laurenzberg: « Voilà, dit le Roi, une des plus belles situations que j'aie jamais vues : ce spectacle était pour moi une véritable jouissance..... Nous quittons ce château sans bien savoir où nous allons; à peu près comme les patriarches qui ignoraient où ils planteraient leurs tentes..... Que la volonté de Dieu s'accomplisse! »

Les deux jeunes princes s'étaient déjà mis en route. Madame la Dauphine devait partir le lendemain pour Carlsbad; elle suivit le Roi jusqu'à sa voiture. Sur l'escalier se trouvaient plusieurs personnes de tout rang; mais surtout un grand nombre de pauvres habitants de Prague, qui, les yeux en larmes, venaient dire un dernier adieu à leur généreux bienfaiteur. « Nous prions le Ciel qu'il nous ramène Votre Majesté, » disaient ces bonnes gens. Effectivement, des neuvaines avaient été faites dans les églises pour demander à Dieu que Charles X continuât d'habiter Prague; et l'archevêque ne se lassait pas de répéter : « Qui pourrait remplacer pour ce peuple l'exemple de toutes les vertus donné ici par le Roi et sa famille!... leur présence seule était faite pour nous attirer les bénédictions du Ciel. »

Cette scène rappela à l'infortuné monarque ce qui s'était passé lors de son départ d'Edimbourg. Les magistrats de la ville étaient venus, au nom des habitants, lui exprimer leur vénération et leur profond regret de le voir s'éloigner; et le peuple, qu'il avait généreusement assisté de tous ses moyens, pendant les désastres du choléra, se porta en foule sur le rivage, voulant d'abord s'opposer à son embarquement qu'il ne croyait pas volontaire, et saluant ensuite son départ de ses vœux et de ses longues acclamations.

Le Roi ne voulut pas traverser Prague, pour éviter des émotions inutiles et pénibles; il descendit vers le champ de manœuvres, et passa la Moldau sur un pont militaire. On exerçait alors les troupes à effectuer le passage des rivières, au moyen d'un système de chevalets, dont quelques jours auparavant le général Hauer avait montré le mécanisme à M. le duc de Bordeaux.

Parvenus à la rive opposée, le Hradschin se développa à nos regards, dominé par sa haute cathédrale et ses nombreuses tourelles; le pavillon de Wenceslas nous montrait encore les colonnes de son élégant péristyle; au-dessous, Prague se présentait dans toute son étendue sur les bords de la Moldau... Quelques minutes après disparurent graduellement à nos regards ces lieux qui, dans ce moment, nous semblaient une seconde patrie, la patrie de notre exil. « Il y a juste trois ans et sept mois qu'à pareil jour j'arrivai à Prague, » dit Charles X..... Il garda quelque temps le silence, plongé dans ses réflexions; puis il sembla élever son âme au ciel, et bientôt il chercha à retrouver sa gaieté bienveillante et sa conversation animée.

Par un concours de circonstances particulières, je me trouvais seul du voyage parmi les personnes de sa suite; j'étais dans la voiture où le Roi était monté avec M. le Dauphin. « Savez-vous, Montbel, me dit en souriant Charles X, que vous cumulez actuellement à vous seul les charges de premier gentilhomme de la chambre, de capitaine des gardes et de premier écuyer! Je ne vous avais pas jugé ambitieux à ce point. — Si le Roi, répondis-je, avait des courtisans, des gardes et des chevaux, je n'aurais pas plus de chances que de droits pour remplir de si brillantes charges; mais dans ce moment je dois à l'exil un bonheur que pourraient m'envier beaucoup de gens de bien en France. »

La conversation se rétablit dès lors, et j'eus encore une occasion d'apprécier le cœur parfait de ces princes. Nous avions traversé l'Elbe et la place forte de Thérésienstadt : nous approchions de Tœplitz. Le Roi et M. le Dauphin étaient fort occupés d'un nommé Heinrich, simple concierge de la maison qu'ils devaient habiter, mais qui, les années précédentes, leur avait montré beaucoup d'attachement et de zèle. Ayant appris qu'il avait été malade, ils voulaient lui témoigner tout leur intérêt pour ses souffrances et son rétablissement. En descendant de voiture, le Roi demanda : « Où donc est Heinrich ? — Il est mort depuis hier ! » répondit d'un air consterné M. le duc de Bordeaux qui était venu embrasser son grand-père. Le Roi et M. le Dauphin se montrèrent fort affligés de cet événement....., Ils donnèrent à la veuve et à la famille du pauvre Heinrich des preuves d'un intérêt véritable.

## CHAPITRE II.

## SOMMAIRE DU CHAPITRE II.

※

TOEPLITZ. — MALADIE DE MADAME LA DAUPHINE.
VISITE DE LA GRANDE-DUCHESSE DE TOSCANE.
LE DUC DE BORDEAUX A DRESDE. — BUDWEISS.
MALADIE DU DUC DE BORDEAUX.
KIRCHBERG.

## CHAPITRE II.

—

Les premiers temps du séjour de Tœplitz ne furent pas sans quelque douceur pour le Roi; il arriva des Français, le comte d'Autichamp, les généraux Clouet et Arthur de Labourdonnaie, ainsi que plusieurs autres. Le Roi et M. le Dauphin s'entretenaient avec eux des souvenirs de la campagne de 1823, en Espagne, alors que la France intervenait avec franchise et grandeur, pour faire triompher un principe d'ordre, et mettre un terme aux féroces réactions des partis. On rappelait les circonstances de cette brillante conquête d'Alger, exécutée avec tant d'ensemble, et en si peu de jours, sans se mettre en peine des ombrageuses réclamations de l'Angleterre. Le Roi parlait avec affection et bonheur de la France; il jouissait de revoir des Français.

/ Tœplitz lui offrait aussi le charme de ses riantes promenades, et l'action salutaire de ses eaux dont il avait déjà fait des épreuves satisfaisantes.

Mais ce séjour fut bientôt troublé pour lui. Madame la Dauphine, qui s'était rendue à Carlsbad, afin d'y soulager des souffrances, résultat de ses constants chagrins, madame la Dauphine y tomba malade tout à coup, d'une manière inquiétante. La nouvelle en fut à peine arrivée à Tœplitz, M. le Dauphin en partit immédiatement, et le Roi, vivement affligé, envoya sur-le-champ à Carlsbad le docteur Bougon, son médecin. Heureusement le mal céda bientôt aux soins empressés dont fut entourée cette grande princesse ; mais, après quelques jours de convalescence, elle dut aller continuer à Ischll la cure commencée à Carlsbad. Mademoiselle y suivit sa tante.

La sécurité du Roi avait été troublée par cet événement. La visite de la grande-duchesse de Toscane, la demande obligeante que lui adressa le nouveau roi de Saxe de permettre que M. le duc de Bordeaux se rendît à Dresde et au château de Pilnitz, et les succès que le jeune prince obtint à cette cour, lui furent agréables, sans détruire toutefois la préoccupation de ses idées. La mort récente du vieux roi de Saxe l'avait aussi profondément affecté. Ce prince, son contemporain, âgé même de quelques années de plus, lui était uni par des liens, par des souvenirs de famille, et par une affection indépendante des revers : naguère il était venu avec tous les siens le visiter dans son exil.

Le roi de Prusse allait arriver à Tœplitz ; il devait occuper la maison qu'habitait Charles X, qui fut ainsi forcé de s'éloigner, sans savoir encore dans quel asile il pourrait se rendre. Venu d'Italie, le choléra s'était rapidement étendu jusqu'aux extrémités de la Transylvanie. Laybach, violemment attaqué, avait vu s'éloigner la famille de don Carlos; Trieste, Udine, et les lieux intermédiaires entre Saltzbourg et Goritz, étaient cruellement ravagés. Il était imprudent de parcourir alors cette ligne. Le Roi s'arrêta à Budweiss, dans une auberge étroite, insuffisante pour tant de voyageurs, et dans laquelle il était exposé à une multitude de privations et d'inconvénients si pénibles à son âge.

Tout à coup dans ce triste séjour M. le duc de Bordeaux tombe grièvement malade. Depuis quelque temps avaient régné des fièvres nerveuses et cérébrales : on signalait des symptômes graves qui faisaient craindre que ce prince ne fût atteint dangereusement. Qu'on se figure les angoisses de Charles X et de M. le Dauphin !.... Des estafettes furent rapidement dirigées vers Ischll, pour y porter cette triste nouvelle. Madame la Dauphine et Mademoiselle éperdues en partirent immédiatement pour Budweiss; mais à leur arrivée le danger était passé : la nature secondée par l'art avait sauvé le prince. Sa convalescence fut longue toutefois. Il conserva longtemps beaucoup de faiblesse et une grande pâleur.

Désolé de voir cette illustre famille dans une telle situation, et n'ayant d'autre asile que la pauvre auberge d'une petite ville de Bohême, M. le duc de Blacas fit tous ses efforts pour découvrir un lieu plus convenable, et qui du moins offrît un abri tranquille et suffisant. Il apprit que le comte d'Orsay avait l'intention de vendre une terre à quelques postes de Budweiss : il s'y rendit, examina le château, ne contesta pas sur le prix ; trois heures après, il était propriétaire de Kirchberg. Il fit meubler tous les logements avec une incroyable rapidité, et bientôt il eut le bonheur de conduire l'illustre vieillard, le prince convalescent, toute la famille royale dans une demeure où ils retrouvaient l'air, la lumière, la propreté, le calme et quelque élégance.

Le château de Kirchberg, à une journée de Vienne, est dans un site agréable; l'extérieur des bâtiments ne manque pas de noblesse; de grandes terrasses de granit lui donnent un aspect imposant. Les appartements, sans être très-vastes, sont commodes et bien disposés. Sortant de la triste auberge de Budweiss, le Roi fut d'autant plus enchanté de son nouveau domicile. Les jardins, un parc étendu, les forêts voisines lui offraient d'agréables promenades. Suivi de M. le Dauphin, presque tous les jours il montait à cheval, et restait plusieurs heures dans ses excursions. Sa santé paraissait parfaite.

Une grande satisfaction pour lui, c'étaient les progrès rapides de la convalescence de son petit-fils : les forces de ce prince s'étaient rétablies, son teint reprenait son éclat, et sa taille, étonnamment accrue, montrait que la maladie avait été causée par une crise de développement. Le Roi se complaisait souvent à nous faire remarquer la beauté des traits de son petit-fils, et le noble caractère de sa physionomie. Les soirées étaient embellies par la gaieté spirituelle et gracieuse du frère et de la sœur, qui entouraient le bon père de famille de leurs caresses affectueuses. Lui-même animait les entretiens; il racontait avec grâce les souvenirs parfaitement présents à sa mémoire, des hommes distingués qui avaient été en relation avec lui, des événements dont mieux qu'un autre il connaissait les causes et les détails.

L'arrivée de quelques Français vint animer aussi le séjour de Kirchberg. Le baron d'Haussez, ancien ministre de France, s'y rendit, après un long voyage en Transylvanie. M. de Vaufreland, ancien secrétaire général du ministère de la justice, y vint aussi avec sa famille et M. Berryer. Le Roi les accueillit avec bienveillance; il s'entretint plusieurs fois longuement avec l'illustre orateur, lui demandant des nouvelles de la France, s'intéressant, avec une remarquable activité de cœur, à tout ce qu'on lui racontait de tant de personnes qu'il avait connues et qu'il n'avait pas oubliées. En parlant de récents attentats, il déplora cette affreuse tendance actuelle vers les crimes les plus atroces, et cette étrange corruption qui applaudit au meurtrier, quand il se montre sans remords et sans crainte, comme la foule applaudit un acteur de mélodrame. « Malheur à ceux qui déchaînent et ameutent les mauvaises passions, disait le Roi ; ce sont des bêtes féroces ; elles dévorent le bras qui les a démuselées. »

Le départ pour Goritz était différé de jour en jour ; le gouvernement impérial insistait pour qu'on n'entreprît pas ce voyage, tant que régnerait le choléra à Laybach, à Tarvis, à Udine, à Trieste, où il exerçait d'affreux ravages; car Goritz, malgré sa proximité des lieux infectés par ce fléau, semblait une oasis invulnérable, et servait de refuge aux populations voisines épouvantées. Les ministres autrichiens proposaient le retour à Prague, après le couronnement de Ferdinand I$^{er}$; mais Prague, à cette époque, était en proie elle-même à une invasion terrible, qui attristait par de nombreuses funérailles les cérémonies religieuses et les fêtes de la cour. Plusieurs personnes de marque avaient été atteintes; des familles entières étaient moissonnées. L'archevêque d'Olmutz venait lui-même de succomber.... Nous nous disions que notre départ du Hradschin avant ces funestes événements semblait providentiel.

Plus tard, le Roi fit demander des rapports sur l'état sanitaire des provinces illyriennes, et particulièrement de Trieste. Ces rapports, conformes aux nouvelles que nous recevions directement de ces contrées, annoncèrent que le fléau avait totalement disparu à Laybach, à Udine, et qu'un vent violent, *le Bora*, l'avait fait cesser tout à coup à Trieste. A cette même époque, la maladie s'avançait de la Bohême vers Kirchberg; Budweiss était déjà envahi. Cette considération fit penser au Roi qu'il était convenable de quitter un séjour menacé, pour se rendre dans celui dont la salubrité était si généralement reconnue, surtout quand le fléau venait de disparaître de tous les lieux environnants ou intermédiaires. D'ailleurs la saison avançait. La famille royale était, il est vrai, bien logée à Kirchberg; mais les gens de son service eussent été trop exposés aux rigueurs de l'hiver dans ce climat froid, et pour ces princes, la pensée de la souffrance possible de leurs serviteurs était une raison de sacrifier toutes leurs convenances personnelles. Le Roi décida son départ, mais avec un sentiment visible de mélancolie et de répugnance : on eût dit qu'il pressentait que Goritz lui serait funeste.

# CHAPITRE III.

## SOMMAIRE DU CHAPITRE III.

DÉPART DE KIRCHBERG. — LINTZ. — L'ARCHIDUC MAXIMILIEN. — LE 79ᵉ ANNIVERSAIRE. SALTZBOURG. — VISITE A LA PRINCESSE DE BEYRA ET A LA FAMILLE DE DON CARLOS.

## CHAPITRE III.

—

Charles X partit de Kirchberg le 8 octobre;
M. le Dauphin et madame la Dauphine l'avaient précédé de quelques jours. Une température douce, un soleil brillant donnèrent de la facilité et des charmes à ce voyage.

Le Roi fit un séjour à Lintz. L'archiduc Maximilien se hâta de le visiter avec cet empressement respectueux qu'ont pour la vertu malheureuse les âmes élevées qui savent mépriser une injuste fortune. A l'exemple de l'archiduc, tous les chefs militaires vinrent faire leur cour à Charles X, tous les honneurs lui furent rendus. Ce qui toucha le plus le cœur du Roi, c'est que, pendant trois jours consécutifs, l'archiduc en grand uniforme de général conduisit lui-même M. le duc de Bordeaux dans toutes les parties du grand système de fortifications dont il est l'inventeur, lui en montrant l'ensemble sur des cartes et les détails dans les différentes positions. L'archiduc exprima qu'il était très-satisfait de l'instruction et de l'intelligence militaire dont avait fait preuve le jeune prince. Le témoignage d'un maître aussi consommé dans son art et d'un guerrier aussi loyal charma le vénérable monarque. Lui-même visita avec l'archiduc ce vaste camp retranché, et suivit avec lui le chemin de fer jusqu'aux hauteurs qui dominent le large lit du Danube, et d'où l'œil peut contempler la ville de Lintz et les sites magnifiques qui l'environnent.

Pendant ce séjour le Roi célébra son soixante-dix-neuvième anniversaire ; il fut affable, affectueux, gai même. Cependant, au moment où Mademoiselle, avec sa grâce remarquable, lui exprima les vœux qu'elle formait pour lui : « Mon enfant, lui répondit-il, le Ciel m'accorde de commencer avec vous cette quatre-vingtième année ; il est probable qu'elle ne se terminera pas de même. » Une larme roula dans les yeux de l'aimable princesse ; elle feignit toutefois de n'avoir pas compris son grand-père, et détourna l'entretien avec une grande présence d'esprit. Mais Charles X, venant à quelques-uns d'entre nous, nous dit : « Oui, il ne s'écoulera pas longtemps d'ici au jour où vous ferez les funérailles du pauvre vieillard !.. »

Le Roi se dirigea sur Saltzbourg, pour y visiter la princesse de Beyra et les enfants de Charles V. A l'aspect du chef vénérable de sa famille, l'aîné des jeunes princes, les yeux mouillés de larmes, se jeta dans ses bras, avec une vive expression d'amour et de respect. Le Roi le pressa sur son cœur, avec émotion, ainsi que ses frères..... il les bénit..... il leur parla ensuite de la conduite héroïque de don Carlos, en leur recommandant de faire tous leurs efforts pour se montrer dignes d'un tel père.

Madame la princesse de Beyra s'entretint longuement avec lui. Le Roi admira la fermeté de son âme et l'élévation de son caractère. Elle soutient, sans se plaindre, une situation pénible et les privations de tout genre auxquelles elle est condamnée, s'attachant avec constance à donner tous ses soins à l'éducation des fils de don Carlos. Elle-même fit remarquer au Roi que les ennemis de sa famille, cherchant tous les moyens de lui nuire, avaient calomnié ces jeunes princes, en les accusant d'être dépourvus de toute instruction. « Cependant, dit-elle, ils étudient avec suite et avec zèle tout ce qu'ils doivent savoir. Votre Majesté peut se convaincre que l'aîné s'exprime facilement en français et en anglais. Les deux plus jeunes parlent la seconde de ces langues. Depuis que nous sommes dans les Etats autrichiens, ils apprennent l'allemand... On les accuse aussi de ne pas monter à cheval... Il est vrai que nos ressources actuelles ne nous permettent ni d'avoir ni de louer des chevaux, et que je suis réduite, pour les endurcir aux fatigues, à leur faire gravir à pied les rochers et les montagnes; mais il n'est pas jusqu'au dernier des trois, qui, malgré la faiblesse de son âge, ne soit resté à cheval pendant quatorze heures, auprès de son père, lorsque nous étions à l'armée de Portugal. »

Les fils de don Carlos s'empressèrent de lier connaissance avec nos jeunes princes. Madame la princesse de Beyra se montra enchantée de la cordiale politesse de Charles X, de son aspect à la fois imposant et affable, de l'esprit et de la noble physionomie du duc de Bordeaux, de la grâce et de l'amabilité de Mademoiselle.

Après deux jours passés dans les épanchements d'une estime et d'une affection mutuelle, se séparèrent avec regret ces deux familles doublement unies par la communauté de leur origine et la similitude de leurs malheurs.

Le reste de la route se passa sans incident remarquable. Le Roi parcourut avec satisfaction les riantes vallées de la Drave, les Alpes majestueuses de l'Illyrie, les chemins hardis qui les traversent, et surtout la route nouvelle qui depuis la Ponteba suit le cours du Tagliamento. Un soleil pur et brillant nous offrait ces diverses contrées dans toute leur pittoresque magnificence.

# CHAPITRE IV.

## SOMMAIRE DU CHAPITRE IV.

CORITZ. — EFFET DE LA BORA. — LE JOUR DE FÊTE
SUIVI DU JOUR DE MORT.
ARRIVÉE DU MARQUIS DE CLERMONT-TONNERRE.
LE PRINCE DE HESSE-HOMBOURG.
LE CARDINAL DE LATIL ANNONCE AU ROI
SA FIN PROCHAINE.
L'ÉVÊQUE D'HERMOPOLIS EXHORTE LE ROI MOURANT.
CHARLES X PRIE POUR LA FRANCE.
IL LA BÉNIT.... IL PARDONNE A SES ENNEMIS....
IL EXPIRE.

## CHAPITRE IV.

—

Arrivés à Goritz, aucun de nous ne parut moins fatigué que le Roi. Le bonheur de retrouver son fils et madame la Dauphine avait donné à sa conversation encore plus d'intérêt et de charme. Presque chaque jour il parcourait la ville et se promenait dans les environs, seul à pied, à des distances considérables. Nous admirions la force de cette santé qui semblait affronter également les ans et les malheurs; et lui-même fit la remarque, à cette époque, qu'en dépit de ses adversités, il avait dépassé l'âge des rois ses prédécesseurs. « Ma vie, nous disait-il, a été plus longue que celle de mes ancêtres; mais de cruels malheurs, et trente années d'exil, loin de mon pays, l'ont souvent rendue bien amère. »

Deux événements firent sur lui une impression profonde à cette époque : la délivrance des prisonniers de Ham, dont la longue captivité l'affligeait sincèrement, et la mort du comte de Chabrol, l'un de ses anciens ministres. Il m'apprit cette nouvelle, en ajoutant : « Vous souvient-il que vous voulûtes vous retirer du ministère, et que vous m'apportâtes votre portefeuille en même temps que Courvoisier et Chabrol? Vous seul de trois avez survécu..... eux seuls ne sont plus de tous mes ministres de cette époque!.... C'étaient des hommes de bien et de talent. Chabrol était un administrateur habile, instruit, intègre, animé des intentions les plus droites... Hélas! chaque jour je vois disparaître des hommes honorables que j'ai connus, que j'ai aimés, qui pour la plupart étaient nés longtemps après moi!.... Chacune de ces pertes m'avertit de ma fin prochaine!... Je l'attends avec calme... et cependant il m'est triste de penser que je ne reverrai plus la France! »

La température changea brusquement. La Bora vint à souffler avec violence ; des tourbillons de neige encombrèrent les montagnes ; un froid vif pénétrait jusque dans nos veines. Nous fûmes tous malades. Le Roi sembla seul invulnérable et s'occupa, avec sa bonté habituelle, de ceux qui souffraient. Aucune altération ne se manifestait dans son extérieur. Seulement depuis quelques jours, il nous paraissait plus préoccupé que jamais de sa patrie ; il en rappelait les souvenirs avec vivacité ; il était impatient d'en apprendre des nouvelles ; on voyait en lui l'expression d'un sentiment inquiet, il paraissait agité de ce qu'on appelle vulgairement le mal du pays. Il finissait toujours ses entretiens par prononcer des vœux pour le bonheur de la France ; car jamais cœur ne fut plus français que le sien.

Cependant, le 1ᵉʳ novembre, il eut une incommodité légère en apparence, et qu'il dissimula ; elle ne changea rien à ses habitudes : il célébra en vrai chrétien la grande fête des élus. Le lendemain, il assista au service pour les morts. Placé entre ses deux petits-enfants, il leur paraphrasa le *Dies iræ* avec une chaleur d'expression qui les émut vivement. « En songeant aux fautes de ma vie, leur dit-il, je répète avec confiance cette strophe touchante, remplie d'un espoir céleste : *Recordare, Jesu pie, quod sum causa tuæ viæ....* » Au retour, il nous dit aussi : « C'est une pensée salutaire que celle de notre fin inévitable : elle nous fait veiller sur les actions de notre vie ; elle est la consolation de nos maux... J'ai subi de cruelles épreuves, et je les ai patiemment supportées dans l'espoir que Dieu m'en tiendrait compte dans l'avenir..... »

Le 3, veille de son jour de fête, il eut à dîner

le comte et la comtesse de Gleisbach; M. de Gleisbach est le capitaine du cercle de Goritz, le chef de l'administration politique. Le Roi l'entretint, avec son aisance accoutumée, de tout ce qui pouvait intéresser un administrateur; il l'interrogea sur les pays confiés à ses soins, et lui exprima combien il était touché des égards dont l'entouraient les habitants. Pendant le repas, un corps nombreux de musique vint exécuter sous les fenêtres du Graffenberg divers morceaux d'harmonie. Charles X témoigna, avec grâce, combien il était sensible à cet hommage offert dès la veille à son jour de fête.

Ce jour-là même, l'arrivée du marquis de Clermont-Tonnerre, son ancien ministre, lui causa une véritable satisfaction. Dès qu'il en fut instruit, il se hâta de le faire appeler pour la soirée. Il l'accueillit avec une extrême bienveillance; lui et M. le Dauphin lui demandèrent nominativement des nouvelles d'un grand' nombre d'officiers de terre et de mer, avec une étonnante fraîcheur de mémoire et un intérêt touchant, louant ceux qui leur étaient restés fidèles, en excusant beaucoup d'autres, rendant justice indistinctement aux talents de chacun d'entre eux, et ne prononçant le blâme de personne.

L'entretien se continua longtemps sur les souvenirs et sur les intérêts de notre pays; de récents événements durent y trouver leur place. M. de Clermont-Tonnerre déplorait l'indifférence avec laquelle les imaginations se familiarisaient aux tentatives de meurtre, et loin de montrer de l'intérêt pour la victime, le portaient sur l'assassin, pourvu que jusqu'au bout il montrât un sombre courage. « Comment, s'écria madame la Dauphine, ne pas frémir d'horreur à la pensée d'un homme assassiné entre sa sœur et sa femme!... — Je plains de tout mon cœur, dit le Roi, ceux qui sont actuellement en présence de haines aussi atroces et d'un si redoutable avenir; mais croyez-moi, Clermont, quand on peut rentrer dans sa conscience et qu'on n'y trouve que le sentiment du devoir et le désir du bien général, on est toujours prêt à subir les arrêts de la Providence, quels qu'ils puissent être... »

Le Roi témoigna de nouveau ses regrets sur la mort de M. de Chabrol ; et M. de Clermont-Tonnerre lui répondit que, d'après une lettre qu'il avait reçue de l'ancien préfet de la Seine, ce ministre, expirant avec une grande résignation religieuse, avait manifesté à sa famille le regret de n'avoir pas assez vécu pour voir finir les malheurs de la France et l'exil du vertueux Charles X.

« Donnez-moi des nouvelles de vos autres anciens collègues, demanda le Roi... J'en ai eu récemment de l'excellent et fidèle Damas... Mais pouvez-vous m'apprendre quelque chose de Villèle et de Corbière, ces hommes probes et habiles dont la retraite fut le signal de mes nouveaux malheurs ?... — Sire, répondit M. de Clermont-Tonnerre, la révolution de 1830, qui a si rapidement usé toutes les renommées libérales, a fait ressortir elle-même la haute intelligence et l'intégrité de ces deux hommes d'Etat. M. de Corbière conserve toujours sa vaste instruction, cet esprit actif et juste qui pénètre la vérité des questions, et qui le rendait si remarquable dans le conseil. J'ai été voir récemment M. de Villèle, chez sa fille, en Normandie. Il est toujours le même ; un véritable sage, inébranlable dans ses principes, modéré dans leur application ; sa haute raison juge le présent avec calme, par cela même il est convaincu d'un meilleur avenir. »

/ Le 4, jour de la Saint-Charles, le Roi éprouva un saisissement de froid pendant la messe, vers neuf heures et demie. Il convint alors que depuis trois jours il ressentait une incommodité fatigante. Il n'eut pas la force d'assister au déjeuner ; mais, à onze heures, il reçut les hommages de tous les Français de notre colonie, et, plus tard, l'archevêque de Goritz, ainsi que plusieurs personnages considérables de la ville. Il donna aussi une audience d'une heure et demie à M. de Clermont-Tonnerre, qui fut frappé de l'activité de ses questions, de l'attention qu'il apportait aux réponses, de la présence de son esprit et de sa mémoire, de la vivacité, de l'élévation de ses sentiments, et qui s'étonnait avec nous que pendant plus de six années d'exil le Roi n'eût pas vieilli d'un seul jour.

Après ces audiences, Charles X commença à éprouver des douleurs et un malaise qui ne donnèrent pas encore d'inquiétudes. Il ne parut pas au dîner, où ses enfants portèrent sa santé avec un sentiment de tristesse. Immédiatement après, il se rendit dans le salon, où nous étions réunis. Nous fûmes frappés et profondément affligés du changement subit qui s'était opéré en lui : sa voix éteinte avait quelque chose de caverneux, sa physionomie et ses traits semblaient frappés d'une caducité soudaine. « Je me sens bien faible, dit-il, mais j'ai voulu vous voir encore et vous remercier des vœux que vous venez de former pour moi. » Il resta debout quelques instants, adressant des paroles de bienveillance à sa famille et aux dames qui l'entouraient. Il se retira bientôt, nous laissant en proie à de vives inquiétudes, à de tristes pressentiments, quoique nous fussions bien loin de soupçonner quelle était la nature du mal.

Dans la nuit, son état s'aggrava; des vomissements se déclarèrent, des crampes violentes fatiguèrent tous ses membres et se manifestèrent jusque dans la région du cœur. M. le docteur Bougon reconnut alors les symptômes caractéristiques d'une violente attaque de choléra. Craignant l'effet funeste des spasmes répétés, il envoya réclamer les secours religieux; il fit appeler sur-le-champ le docteur Marini de Goritz; une estafette fut expédiée à Udine, pour faire arriver sans retard le docteur Marcolini, très-estimé pour son savoir et son expérience. M. le duc de Blacas se hâta d'aller prévenir M. le Dauphin et madame la Dauphine, qui accoururent auprès de Charles X. Nous nous empressâmes tous de nous rendre au Graffenberg, dès que nous apprîmes ces tristes nouvelles.

Le Roi souffrait beaucoup; les accidents se succédaient avec activité; les crampes se renouvelaient à chaque instant. M. le cardinal de Latil, averti par le duc de Blacas, s'approcha du lit du Roi mourant; faisant un appel à sa foi, à son courage religieux, il lui parla de la nécessité de recevoir les secours de l'Eglise. Charles X les réclama avec empressement et sans émotion. « J'ai bien souffert cette dernière nuit, dit-il, mais je ne pensais pas que cette maladie dût tourner si court. » Pendant qu'on se disposait à lui donner l'extrême-onction, il continua à s'entretenir tranquillement avec le cardinal; et tout à coup lui serrant la main : « Recevez mes remercîments, dit-il, je vous dois beaucoup... je vous dois la résignation de ma vie, et le calme dont je jouis en présence de la mort... je vous dois beaucoup! » répéta-t-il... Et sans doute, dans cet instant, le religieux monarque se souvenait que ce fidèle compagnon de ses malheurs avait assisté un autre mourant..... En voyant au chevet du lit de Charles X le cardinal et le docteur Bougon, nous étions frappés de cette pensée que c'étaient les deux mêmes hommes qui avaient porté les secours de la terre et du ciel à l'infortuné duc de Berry.

Le Roi répondit à toutes les prières pendant

l'extrême-onction. Les médecins avaient déclaré que, vu la nature de sa maladie, il ne pouvait recevoir le saint viatique. Il se soumit sans réclamation, et ce fut sans doute un pénible sacrifice pour son cœur religieux. On célébra la messe près de son lit. Il demanda son livre, et il suivait les prières avec recueillement, pendant les intervalles où les crampes lui laissaient quelque liberté.

Après la messe, le vénérable évêque d'Hermopolis, relevant à peine de maladie, et profondément attristé par la nouvelle récente de la mort de son frère, vint exhorter le Roi mourant, avec une éloquence douce et touchante ; il lui exposait que les malheurs de sa longue existence devaient se représenter à lui comme la plus chère consolation de ses derniers moments. Le Roi répondait avec tranquillité et présence d'esprit... C'était un noble spectacle que ces deux vieillards chrétiens, l'un souffrant et affligé, l'autre expirant sans faiblesse et sans murmure, s'entretenant avec calme de l'éternité, sur le seuil d'une tombe entr'ouverte, et unissant leurs débiles voix pour louer Dieu des cruelles épreuves de la vie !..... Le Roi se recueillit un instant; il pria pour la France... il la bénit..... et quand l'évêque lui demanda s'il pardonnait de nouveau dans ce moment suprême à ceux qui lui avaient fait tant de mal : « Je leur ai pardonné depuis longtemps, répondit-il, je leur pardonne encore dans cet instant, de grand cœur... que le Seigneur fasse miséricorde à eux et à moi !... » Oh ! que n'ont-ils pu l'entendre ce proscrit octogénaire, victime d'un fléau terrible qui terminait un demi-siècle de calamités inouïes, ouvrir sa bouche mourante, non pour les maudire, mais pour les bénir !.....

Les deux jeunes princes vinrent éplorés serrer dans leurs bras leur grand-père mourant. Le médecin avait cru de son devoir de demander qu'on les éloignât, vu le danger du mal. Ils exprimèrent tous deux qu'aucune crainte ne saurait les empêcher de remplir le devoir le plus sacré, et de suivre les sentiments de leur cœur. Le Roi les embrassa avec tendresse; déjà ses forces épuisées ne lui permettaient presque plus de proférer une parole..... Il étendit ses mains sur leurs têtes. « Que Dieu vous protége, mes enfants, leur dit-il d'une voix éteinte; marchez devant lui dans les voies de la justice... ne m'oubliez pas... priez quelquefois pour moi. »

Le prince Philippe de Hesse-Hombourg, commandant supérieur militaire de la Styrie et des provinces illyriennes, venait d'arriver de Gratz ; son intention avait été de se trouver à Goritz, le jour de Saint-Charles, pour complimenter le Roi. Les neiges amoncelées dans les montagnes avaient retardé sa marche. Il fit demander de venir saluer la famille royale ; car on ignorait encore dans la ville la triste situation où se trouvait le Roi. M. le Dauphin m'envoya vers le prince pour l'en instruire..... Quand je lui annonçai que le roi Charles X se mourait atteint du choléra, il resta comme frappé de la foudre : des larmes mouillèrent les yeux de ce généreux soldat. « J'étais parti pour assister à sa fête, dit-il..... quelle terrible destinée! — Et quel enchaînement de malheurs supportés avec constance! lui répondis-je..... Votre Altesse ne l'a pas oublié; il y a trois ans, vous vîntes célébrer avec nous le soixante-seizième anniversaire de Charles X, dans l'auberge d'une petite ville, tandis que ce prince infortuné gisait malade dans une chambre étroite, sans rideaux et sans feu... » Le prince de Hesse, profitant d'un moment plus calme, vint offrir à la famille royale tous les services qui dépendaient de lui, avec ces sentiments élevés et généreux qui le caractérisent.

Les symptômes du mal se maintenaient, mais les crampes étaient moins fréquentes; il y avait une apparence d'amélioration. Les médecins annoncèrent que, dans la nuit, se manifesterait une réaction qui déciderait du sort de l'auguste malade; ils ne cachèrent pas que le grand âge du Roi leur laissait peu d'espérance.

La présence et la liberté d'esprit se maintenaient encore. Dans un moment de calme le Roi demanda à M. le duc de Blacas : « Est-ce vous qui le premier avez eu la pensée de me

4

faire administrer les derniers sacrements? — Non, Sire, c'est M. Bougon qui l'a demandé. — C'est bien : je suis bien aise que le docteur ait rempli, avec conscience et courage, un tel devoir, il y a vingt ans qu'il me l'avait promis. »

Les accidents de la maladie se calmèrent : le Roi semblait reposer. Vers sept heures et demie la réaction annoncée se manifesta : le pouls reprit quelque action; les pieds se réchauffèrent... une lueur d'espérance vint consoler la famille royale et ses serviteurs affligés..... Le malade ne pouvait parler; il sourit plusieurs fois à son fils et à madame la Dauphine... Notre joie ne fut pas longue... L'âge du Roi ne permit pas que la réaction s'accomplît...... les forces vitales s'affaissèrent dans cette lutte impuissante.

Assisté de MM. Jocquart et Trebuquet, l'évêque fit les prières des agonisants. Le Roi n'articulait plus un seul mot; mais par les inflexions de sa voix, il répondait aux exhortations que lui adressaient les ecclésiastiques.

Son état était calme, on n'entendait aucun

gémissement, rien qui ressemblât au râle des mourants; on ne remarquait aucun signe qui présentât l'idée d'une agonie. Les forces semblaient s'éteindre graduellement dans un profond sommeil.

Cependant rien ne ralentissait les soins assidus qui luttaient contre le refroidissement complet du mourant.

Le 6, à une heure un quart du matin, le docteur Bougon annonça que le Roi n'avait plus que quelques instants à vivre. Nous tombâmes tous à genoux autour de son lit. M. le Dauphin, priant avec ferveur, respirait le souffle de son père. Seule debout aux pieds du Roi, les mains jointes avec contraction, madame la Dauphine semblait présider cette nouvelle scène de douleur. A une heure et demie, sur le signe expressif du docteur Bougon, le duc de Blacas se pencha vers M. le Dauphin, et lui dit quelques mots à voix basse... Ce prince, avec un profond sentiment de vénération, ferma les paupières de Charles X..... et au milieu du silence et du saisissement de la douleur, les sanglots déchirants de la fille de Louis XVI annoncèrent qu'un sacrifice royal venait encore d'être consommé.)

Ainsi, après tant de malheurs, proscrit, chargé de chagrins et d'années, expirait, loin de la France, le dernier de ces trois frères rois qui sont morts si dignement sur l'échafaud, sur le trône et dans l'exil. Dans l'intervalle, il est vrai, était mort aussi dans les ténèbres et l'isolement des cachots un roi, dont l'innocente enfance ne put désarmer la longue atrocité de ses bourreaux.

Après quelques instants, madame la Dauphine s'écria : « Tant que le Roi a existé, mon neveu remplissait un devoir sacré, en restant près de lui : actuellement mon devoir est d'empêcher qu'il coure un danger inutile... je veux l'emmener sur-le-champ. » Et elle le conduisit immédiatement dans son habitation, à une extrémité opposée de la ville.

Nous restâmes atterrés auprès des restes de ce Roi, dont la vie, si longtemps en butte à de terribles orages, venait de s'éteindre par l'action d'un fléau destructeur. Ses traits étaient calmes... une expression de résignation et de piété était empreinte sur sa figure; son attitude était celle d'une fervente prière.

Il nous semblait que de ce lit de mort arrivait à notre cœur ce passage si pénétrant de Job : « *Miserere mei, miserere mei, vos saltem amici mei quia manus Dei tetigit me !*..... Pleurez, pleurez sur mon sort, vous du moins, mes amis, parce que la main de Dieu s'est appesantie sur moi !..... » Et d'abondantes larmes coulèrent de nos yeux.

Nous nous entretenions des mystères d'une telle destinée dont les malheurs se lient au demi-siècle de perturbations et de calamités qui bouleversent la France et l'Europe. « Et puisqu'il n'est pas permis à des particuliers de faire des leçons aux rois sur des événements aussi étranges [1], » nous regrettions que la puissante voix de Bossuet ne pût faire tonner sur ce cercueil les terribles paroles du pro-

---

[1] Bossuet, *Oraison funèbre de la reine d'Angleterre.*

phète-roi : « *Et nunc reges intelligite, erudimini qui judicatis terram!*... Et maintenant comprenez, ô rois! instruisez-vous, vous qui gouvernez la terre! »

# CHAPITRE V.

SOMMAIRE DU CHAPITRE V.

⊰⊙⊱

EXPOSITION DU CORPS.
ARRIVÉE DU GOUVERNEUR DE TRIESTE. — AUTOPSIE.
CHAPELLE ARDENTE.
REGRETS DU PEUPLE DE GORITZ. — LES FUNÉRAILLES.
LE TOMBEAU.
DERNIER ADIEU AUX RESTES DE CHARLES X.
RÉSOLUTIONS DU COMTE DE MARNES.
TÉMOIGNAGES D'INTÉRÊT DE LA COUR DE VIENNE.
L'EMPEREUR
ENVOIE SUCCESSIVEMENT A LA FAMILLE ROYALE
LE COMTE DE WITTGENSTEIN
ET LE GÉNÉRAL COMTE DE COUDENHOVEN.

## CHAPITRE V.

—

M. le duc de Blacas rédigea l'acte de décès du Roi; et pour constater sa mort d'une manière authentique, il se fit assister du capitaine de cercle comte de Gleisbach, de M. Billot, ancien procureur général, et de moi. Nous nous rendîmes dans l'appartement de Charles X; et après avoir déclaré que nous reconnaissions l'identité de ses restes, nous apposâmes nos signatures à l'acte mortuaire.

Le Roi resta exposé sur son lit. Le peuple de Goritz fut admis à visiter les restes de ce prince bienfaisant, dont il chérissait déjà la présence. Des religieux veillaient en prière près de lui, et les saints mystères étaient célébrés dans l'appartement drapé de noir.

Nous nous occupâmes aussi de rechercher si, parmi les papiers du Roi, il n'existait pas quelque disposition relative à ses funérailles. Ces papiers consistaient en lettres de diverses époques, en notes, en mémoires, sans utilité actuelle : nous trouvâmes seulement un testament fait en Angleterre en 1804. Il ne renfermait aucune des dispositions que nous avions cru devoir rechercher. Nous remîmes tous ces papiers dans une cassette dont la clef fut enveloppée sous un triple sceau, et remise immédiatement à M. le comte de Marnes : c'est le nom adopté par M. le Dauphin.

Nos travaux furent interrompus par l'arrivée du gouverneur de Trieste. Averti par le prince de Hesse de la grave maladie du Roi, il était parti en toute hâte pour Goritz, conduisant avec lui le médecin en chef des hospices, dont il avait pensé que l'habileté et l'expérience pourraient être utiles à l'auguste malade. M. de Weingarten, c'est son nom, dit à M. de Blacas que, sans attendre les ordres de son gouvernement, dans des circonstances aussi funestes, il se mettait entièrement à la disposition de la famille royale. Il se montra surpris d'ailleurs qu'un fléau disparu de Trieste, et qui semblait étranger à Goritz, eût frappé, au milieu de toute cette population, une seule victime... le roi Charles X !.... Il demanda que le médecin arrivé avec lui assistât à l'autopsie qui devait précéder l'embaumement du corps.

C'est le lendemain qu'eurent lieu ces tristes cérémonies. Après un rapport du docteur Bougon sur les circonstances de la maladie et de la mort du Roi, M. le duc de Blacas fit la remise du corps aux médecins : celui de Trieste s'était joint aux trois autres. Ils firent transporter ces restes dans une salle d'avance disposée pour leurs travaux. Nous ne voulûmes pas abandonner le duc de Blacas, malade, dans les tristes fonctions de sa charge, M. Billot et moi nous assistâmes à l'autopsie, où se trouvait aussi M. le baron de Saint-Aubin. Le corps était sain, bien conformé, d'une blancheur parfaite; il avait conservé une apparence de jeunesse bien surprenante dans un octogénaire. L'inspection des viscères indiqua plusieurs symptômes cholériques, regardés comme décisifs par M. le docteur Bougon, qui dirigeait l'autopsie, ainsi que par les docteurs Marini et Marcolini; mais contestés comme douteux par le médecin de Trieste, jusqu'au moment où l'examen du cœur ne laissa plus la moindre hésitation sur la nature du mal : on le trouva rempli de sang carbonisé, caractère essentiel et spécifique du choléra.

Après ces recherches qui durèrent deux heures, nous nous retirâmes, péniblement émus d'un spectacle qu'on ne peut presque soutenir, même quand il s'agit d'un inconnu, mais qui est au-dessus de toute force d'âme, lorsqu'on voit sous le scalpel les restes de celui qu'on était accoutumé d'entourer d'attachement et de vénération, dont la veille encore on avait éprouvé toute la bienveillance. Le duc de Blacas, souffrant et malade, fut plusieurs fois au moment de défaillir : toutefois il ne voulut jamais se retirer que son devoir ne fût entièrement accompli.

Le corps fut embaumé ainsi que les entrailles, qui furent replacées dans leurs cavités ; le cœur fut mis dans une boîte de métal ; deux caisses de bois de chêne devaient envelopper le cercueil de plomb destiné au Roi.

Une chapelle ardente avait été disposée dans le salon attenant à la chambre à coucher. Sur trois gradins entourés de flambeaux funéraires aux écussons de France, s'élevait le cercueil, surmonté d'une couronne. Le service particulier du Roi, des factionnaires et des religieux veillaient auprès. La population de tout le pays accourait en foule autour de ces tristes restes. Tous, en jetant l'eau bénite sur le corps, avaient un air de recueillement et de douleur. « Nous le regrettons comme s'il eût été notre souverain, disaient-ils ; il était si bon, si charitable ! nous le voyions si souvent se promener seul au milieu de nous, nous saluant avec tant d'affabilité. Chaque jour, il venait se placer, sans distinction, dans nos rangs, pour la prière qu'il faisait avec tant d'humilité et de recueillement. Ce nous est un grand chagrin de l'avoir conservé si peu de temps ce roi si bon, si respectable !... Nous chercherons à remplacer, par nos regrets à son convoi, le peuple qu'on a privé de sa présence. »

Au milieu de cette foule attendrie se trouvait un Français, un vieux soldat jeté loin de son pays par les chances de la guerre; il s'était établi à quelques lieues de Goritz. Ayant appris l'arrivée du roi de France dans cette ville, il était venu pour lui offrir ses vœux et ses hommages... il ne salua qu'un cercueil.

Le soir, les premières vêpres des morts furent célébrées dans la cathédrale avec une lugubre solennité, en présence de la famille de Charles X.

Le 11, à neuf heures et demie du matin, M. le comte de Marnes, suivi du prince son neveu, se rendit au Graffenberg pour les funérailles. Nous trouvâmes déjà réunies les troupes de la garnison, la garde bourgeoise avec leurs corps de musique et leurs tambours drapés; toutes les personnes de distinction du pays, les militaires, les magistrats, la noblesse et la bourgeoisie en deuil, ayant à leur tête le capitaine de cercle.

Le prince-archevêque de Goritz, en habits pontificaux, assisté de son chapitre, de tout son clergé et des ordres religieux, fit la levée du corps en présence des princes.

Le cortége sortit du Graffenberg. Des pauvres portant des flambeaux, les religieux et le clergé ouvraient la marche. L'archevêque était placé immédiatement avant le corps, qui était porté sur un char funèbre attelé de six chevaux drapés et surmonté d'une couronne. De droite et de gauche, des valets de pied portaient des torches ornées d'écussons aux armes de France. Nos deux princes suivaient à pied couverts de longs manteaux noirs : ils avaient auprès d'eux M. le duc de Blacas, portant le collier des ordres; M. le comte de Bouillé, aide de camp du Roi[1], et M. le comte O' Hegerthy, écuyer-commandant. Nous marchions après, nous Français, serviteurs de Charles X. Le marquis de Clermont-Tonnerre était dans nos rangs avec son fils aîné... Ils avaient cru arriver pour une fête. Le capitaine de cercle nous suivait à la tête de la population en deuil; les troupes bordaient la haie et fermaient le convoi.

Après un long détour pris à cause des descentes et des montées trop rapides, nous entrâmes dans la ville. Les magasins étaient fermés, les fenêtres de plusieurs maisons étaient drapées de noir. Nous parvînmes à la cathédrale, où se pressait une foule nombreuse. Les dames étaient en deuil. Les deux princesses attendaient le service funèbre dans une tribune au-dessus du chœur. Dès que le corps fut placé sur un catafalque élevé au centre de l'église,

[1] M. le comte de Bouillé remplit les fonctions de gouverneur du jeune prince.

commença une messe de *requiem*, exécutée par de nombreux musiciens et par un puissant orchestre. L'exécution, fort supérieure à ce qu'on pourrait attendre dans une ville de cet ordre, se ressentait du mélange des qualités musicales allemandes et italiennes. Nos âmes étaient profondément émues; le recueillement et la douleur étaient empreints sur toutes les figures. Les belles prières pour les morts que prononçait le clergé, les effets pénétrants des chœurs de musique vibraient jusque dans nos entrailles... Mais parmi toutes ces voix qui faisaient retentir les chants funèbres, toutes ces bouches qui priaient, toutes ces mains qui s'élevaient pour bénir... pas une seule qui fût française!... Et nous, malheureux exilés, trop loin de notre patrie pour qu'elle eût appris encore la mort de Charles X, nous réfléchissions avec amertume, que, dans ce moment, en France, aucune pensée ne répondait à notre pensée, aucune douleur ne s'associait à notre douleur!... Nous nous sentions comme isolés dans notre affliction; car ces troupes, ce clergé, cette population en deuil qui pleurait le vieux Roi de France, tout se trouvait étranger à notre patrie.

Après les absoutes, nous nous remîmes tristement en marche dans le même ordre; nous traversâmes une partie de la ville, et nous gravîmes péniblement jusqu'à la hauteur qui domine Goritz et la belle vallée de l'Isonzo; là est situé le couvent des Franciscains. Le corps de Charles X fut porté dans leur église.

En parcourant le chemin de cette montagne, le duc de Blacas se rappela avec douleur que, quelques jours auparavant, Charles X, frappé de cet aspect pittoresque, lui avait dit : « Je tiens à aller aux Franciscains; vous m'y accompagnerez incessamment. » Ni l'un ni l'autre ne prévoyait alors comment ce projet devait se réaliser.

L'archevêque, entouré du chapitre et des religieux, prononça les dernières prières sur le cercueil, qui descendit avec lenteur et difficulté dans l'étroit caveau qui doit lui servir d'asile, jusqu'à ce qu'il plaise à Dieu de faire cesser l'exil de ces cendres augustes. Les deux princesses étaient présentes au bord de cette tombe; elles étaient venues rendre ce dernier devoir à celui dont la mémoire leur est si chère.

Les difficultés que présentait l'entrée étroite du caveau avaient exigé que, pour y faire parvenir les restes de Charles X, on les plaçât dans un cercueil provisoire. Le lendemain, 12, nous nous rendîmes de nouveau sur la montagne; on nous conduisit, par le jardin, dans les souterrains funéraires, jusqu'au caveau où l'on avait déposé le corps du Roi. Le provincial de l'ordre, assisté de tous ses religieux, était dans l'église, sur les bords de la tombe, dont on avait enlevé la lourde pierre, aux armes de l'antique maison de Thurm. Par une étrange coïncidence, dans ces armes se trouvent deux sceptres fleurdelisés, semblables au sceptre du Roi de France. Quatre fleurs de lis en ornent l'encadrement.

Le duc de Blacas, le comte de Bouillé, M. Billot, le baron de Saint-Aubin et moi, nous restâmes dans le caveau. On avait placé dans ce sombre asile le triple cercueil, où l'on avait préparé une couche d'aromates. Les gens du service du Roi enlevèrent le corps de la bière provisoire, et le couchèrent dans le cercueil de plomb. L'action des spiritueux employés à l'embaumement avait assoupli la roideur cadavérique; les membres ployèrent comme ceux d'une personne endormie. Dans les ténèbres du sépulcre, qu'une lampe éclairait à peine, nous contemplâmes encore cette grande figure blanche, complétement enveloppée des bandelettes funèbres, et le visage voilé d'un suaire... C'était donc là tout ce qui nous restait ici-bas de ce vénérable successeur de tant de rois de France, de ce prince qui, sur le trône et dans un long exil, nous avait révélé toute la noblesse de son âme bienveillante!..... Assisté de quelques hommes de l'art, le docteur Bougon répandit sur le cadavre une grande quantité d'alcool; ensuite, tous les vides du cercueil furent soigneusement remplis de poudres aromatiques... et le corps de Charles X disparut graduellement à nos yeux pour toujours.

Le docteur Bougon déclara alors qu'il remettait à M. le duc de Blacas le corps embaumé du Roi Charles X. Il remit aussi séparément le cœur dans une enveloppe de plomb, qui fut soudée en notre présence, et renfermée dans une boîte de vermeil, sur laquelle se trouve gravée une inscription mortuaire. Le duc de Blacas en retira la clef.

On scella devant nous le cercueil de plomb, et son enveloppe de chêne sur laquelle on assujettit avec des vis la boîte de vermeil. Le cercueil extérieur fut fermé par-dessus. Il est couvert de figures emblématiques, peintes en détrempe. Le couvercle porte le génie de l'espérance s'appuyant sur la croix. Sur la face, vers l'entrée du caveau, on voit une tête de mort couronnée ; et au-dessous, sur une plaque de cuivre jaune, l'inscription suivante :

Ci-gît
Très-haut, très-puissant et très-excellent prince
CHARLES X<sup>e</sup> du nom,
Par la grâce de Dieu Roi de France et de Navarre,
Mort à Goritz, le 6 novembre 1836,
Âgé de 79 ans et 28 jours.

Après une prière sur le cercueil de notre Roi,

nous lui dîmes un triste et dernier adieu. L'on mura la communication de la sépulture avec les autres souterrains; et nous fîmes replacer la pierre tumulaire sur cette tombe que nous confiâmes à la garde des religieux.

Deux de ces Franciscains parlaient notre langue, le provincial, et un vieux soldat qui, jadis appelé par la conscription, avait fait de nombreuses campagnes, était criblé de blessures, et, après cette vie agitée, était venu chercher le calme et la paix de l'âme dans cette retraite. Le provincial nous dit que les restes de Charles X seraient, pour lui et pour ses frères, l'objet d'une profonde vénération, comme ils l'étaient d'ailleurs pour toute la population de Goritz.

Nous nous entretînmes quelque temps avec ce bon religieux; il nous accompagna hors de l'église sur la plate-forme qui domine cette belle contrée; et nous indiquant, au loin, une place vide dans Goritz : « Là, dit-il, fut autrefois notre ancienne demeure! les Français la détruisirent. Un de leurs chefs nous envoya plus tard dans cette retraite actuelle, qui avait appartenu à des Carmélites. Sa situation isolée, favorable à la méditation et à l'étude, nous la rend bien chère. C'est au maréchal Marmont que nous devons ce couvent et l'église où vous venez de déposer le Roi Charles X. »

M. le Dauphin, le modèle parfait des fils soumis et des sujets fidèles, n'avait connu, pendant la vie de Charles X, d'autre devoir qu'une obéissance complète à ses volontés ; devenu chef de sa famille, il en a décidé les plus hauts intérêts, avec cet oubli de lui-même, cette fermeté de conscience, cette probité loyale, qui l'ont recommandé à l'estime de tous, même de ses ennemis, et qui faisaient dire, avec tant de raison, par un homme d'Etat, administrateur habile : « Si M. le Dauphin monte sur le trône, nous aurons un règne d'économie, de justice, et de sévère probité. »

M. le comte de Marnes s'empressa de donner à l'empereur d'Autriche et aux autres souverains la nouvelle de cette funeste catastrophe ; mais avant que ses lettres fussent parvenues à

Vienne, des estafettes expédiées par le prince de Hesse avaient fait connaître au gouvernement autrichien la mort du Roi. L'Empereur envoya sur-le-champ à Goritz le comte de Wittgenstein, chargé d'apporter les lettres de la famille impériale. L'Impératrice régnante, l'Impératrice mère, l'archiduchesse Sophie peignaient leur vive douleur de la mort de ce respectable Roi qu'elles vénéraient comme un père, avec des expressions qui ne peuvent partir que d'âmes aussi élevées et aussi profondément émues.

Dans une lettre adressée au duc de Blacas, le prince de Metternich faisait connaître les sentiments et les intentions de l'Empereur. Vivement affligée de cette mort inattendue, Sa Majesté Impériale voulait que les obsèques de Charles X fussent célébrées à Vienne, et que le deuil fût porté par la cour, comme si le Roi de France était mort aux Tuileries. Il demandait que, jusqu'à des temps plus heureux, les restes du vénérable monarque fussent placés dans les tombes impériales auprès de ceux de l'empereur François, afin que sur la terre reposassent ensemble ces deux justes, dont les âmes étaient sans doute réunies dans le sein de Dieu. Il manifestait de nouveau ses regrets de ce que la famille royale avait quitté le palais de Prague, et la pressait d'y porter de nouveau son établissement.

Ces lettres versèrent un baume de consolation dans ces cœurs déchirés. L'hommage rendu avec tant de sentiment à la mémoire d'un père vénéré parlait vivement au cœur de ses enfants, si tendres et si respectueux.

Quelques jours plus tard, l'Empereur envoya à Goritz, pour porter sa réponse à la communication de M. le comte de Marnes, le général comte de Coudenhoven, l'un de ses chambellans. Le comte de Coudenhoven était le même que l'empereur François avait envoyé, quatre ans auparavant, à la frontière de ses Etats, pour y recevoir Charles X et le conduire dans le château royal de Prague. La famille royale, qui avait été touchée de son empressement et de ses soins respectueux, ne l'avait pas revu depuis cette époque. Ce ne fut pas sans une vive émotion qu'elle reçut le comte de Coudenhoven; sa présence renouvela de si pénibles souvenirs. Tout ce qu'il nous rapporta de Vienne, toutes les lettres qui nous arrivèrent de cette capitale nous prouvèrent que notre douleur y était vivement sentie, qu'elle y était franchement partagée.

# CHAPITRE VI.

SOMMAIRE DU CHAPITRE VI.

※

CARACTÈRE DE CHARLES X. — SES HABITUDES DANS L'EXIL.

## CHAPITRE VI.

Jusqu'aux derniers moments de sa vie, Charles X avait conservé sa physionomie noble et bienveillante. Son regard et son sourire étaient pleins de charme. Ses traits dans leur ensemble offraient un beau caractère; sa taille haute et bien proportionnée était imposante; quelquefois il se penchait sur le côté gauche, et nous concevions alors quelques inquiétudes pour sa santé. Sa mise était propre et soignée sans recherche. Il était ordinairement vêtu d'un simple habit bleu. Jamais, depuis qu'il était hors de France, il n'avait porté de décoration; tous ceux qui l'entouraient imitaient son exemple.

Ses habitudes étaient régulières. Tous les jours, à neuf heures et demie, il entendait la messe avec une piété douce et touchante. A dix heures, la famille royale se réunissait dans son appartement; et nous, les serviteurs de son exil, nous étions admis à leur déjeuner, qui durait à peine un quart d'heure. On restait jusqu'à onze heures dans le salon du Roi. Chacun se retirait alors pour vaquer à ses occupations.

Après s'être entretenu pendant quelque temps avec M. le duc de Blacas, et plus rarement avec quelque autre de ses serviteurs, Charles X restait seul dans sa chambre. Il lisait avec attention les journaux français, surtout ceux qui l'avaient attaqué si souvent et avec tant de passion et d'âcreté.... Il écrivait quelquefois. Plus habituellement il lisait des livres d'histoire. Le spectacle du passé, nous disait-il, l'aidait à prendre son parti des maux présents. A tant de différentes époques, il retrouvait ce mouvement actif des passions humaines, cette lutte incessante de la révolte contre l'autorité, du mal contre le bien, du crime contre la justice.

Quand le temps le permettait, il sortait seul à pied, et faisait des promenades assez longues dans les environs. Ses enfants craignaient pour lui cet isolement; mais il était difficile de lui persuader de se laisser suivre. Les habitants, qui le connaissaient, se rangeaient à son passage, avec les témoignages d'une vénération profonde. Quelquefois cependant il sortait avec madame la Dauphine.

A quatre heures et demie, le Roi et sa famille allaient assister à la prière du peuple et au salut. Hors de Prague, le Roi se plaçait dans les mêmes bancs que la multitude; et devant Dieu il semblait repousser soigneusement toute idée de distinction d'avec les chrétiens les plus humbles. Nous l'avons vu à Tœplitz, à une époque où il y était peu connu, suivre la procession de la Fête-Dieu, confondu dans les rangs du pauvre peuple.

Jamais foi plus vive et plus pure. Mais quoi qu'en aient pu prétendre des hommes passionnés ou mal instruits, jamais religion ne fut moins sévère et plus indulgente aux autres. Doux, affable, bienveillant dans ses relations, aimable, enjoué dans son entretien, il se contentait de faire le bien et de remplir ses devoirs sans ostentation; laissant à chacun la liberté de se diriger suivant sa conscience. Loin d'être intolérants, ce prince et les siens sont tombés peut-être dans l'excès contraire; car, jugeant toujours d'après leur cœur, ils n'ont presque jamais voulu croire aux mauvaises intentions des hommes les plus pervers.

A cinq heures et demie, la famille royale se rendait dans l'appartement de Charles X. On se réunissait au dîner, convenable, mais simple. Le Roi, ainsi que les princes, était peu difficile et peu recherché dans tout ce qui tient à la vie matérielle. Après le repas nous suivions le Roi dans son salon. Madame la Dauphine s'asseyait au centre avec Mademoiselle et les dames : elles causaient, en travaillant le plus souvent pour les pauvres. Charles X, habituellement debout, se promenait en s'entretenant avec nous des circonstances actuelles, ou des souvenirs des diverses époques de sa vie agitée. Jamais dans ses paroles on ne remarqua d'amertume. Quand des Français venaient le visiter, c'était le moment où il leur parlait, et les interrogeait avec le plus de détail sur tout ce qui pouvait intéresser notre pays.

A huit heures, il jouait une partie de wisth avec M. le Dauphin : il était d'une grande habileté à ce jeu, et n'aimait pas à y voir commettre des fautes : il se laissait aller quelquefois à de légers mouvements d'impatience ; mais un instant après il témoignait son repentir, avec grâce, au partner qu'il avait grondé de sa négligence. Pendant le jeu, madame la Dauphine invitait les hommes à s'asseoir autour de sa table, et la conversation devenait plus générale et plus animée. A huit heures et demie, les jeunes princes se retiraient après avoir embrassé tendrement leur grand-père. Dès que la partie de wisth était terminée, M. le Dauphin prenait congé du Roi en baisant respectueusement sa main; madame la Dauphine se retirait aussi après un affectueux adieu.

Alors le Roi restait seul avec nous. Il s'efforçait de faire asseoir les dames; pour lui, il demeurait debout. Lorsque sa pensée était préoccupée de quelque événement, ou de quelque chagrin, et les chagrins, hélas! ne lui manquaient pas, il tournait longtemps autour du salon, sans prononcer une parole, et plongé dans ses réflexions. Tout à coup il semblait se réveiller d'une léthargie. Alors il venait offrir aux dames des excuses sur ce qu'il appelait son impolitesse involontaire, et s'informait avec elles de tout ce qui pouvait intéresser leurs familles, ou leurs relations. Ordinairement il passait un quart d'heure à s'entretenir avec nous, presque toujours de la France. Il nous congédiait, en nous disant souvent avec un sourire mélancolique : « Adieu, mes amis !.... Encore un jour de passé. » M. de Blacas le suivait dans sa chambre, pour l'entretenir de ses affaires et de ses correspondances.

Telle était la vie habituelle de Charles X dans l'exil; peu de circonstances en interrompaient l'uniforme régularité. Quatre ou cinq fois l'année, il se rendait aux chasses, où l'engageaient, avec un respectueux empressement, les princes de Rohan, de Schwarzenberg, de Furstenberg, et quelques autres seigneurs bohêmes. Il tirait avec une extrême adresse, et cet exercice paraissait convenir à son activité. Une des dernières fois qu'il alla à ces chasses, pendant son séjour à Prague, le thermomètre marquait plusieurs degrés de froid ; il passa une journée dans les neiges ; il revint le lendemain, et après un voyage de plusieurs milles d'Allemagne, il passa sa soirée debout, comme à l'ordinaire : tant il avait conservé de force. Sauf une légère dureté d'ouïe, il n'avait aucune des infirmités de la vieillesse. Son extérieur était aussi sain et aussi propre que celui d'un jeune homme.⟩

Sa mémoire était présente : il se rappelait avec une étonnante précision le nom des personnes qu'il avait connues, la date et le lieu des événements dont il avait été témoin, le nom des pays qu'il avait parcourus. Il racontait volontiers les circonstances variées de sa longue existence. Il s'exprimait avec facilité et avec une bienveillance constante. Jamais, dans ses paroles, il n'y avait d'amertume ou de ressentiment ; il ne blâmait pas ses ennemis ; souvent même il les excusait. Si quelqu'un devant lui s'exprimait avec aigreur sur la famille d'Orléans, il éprouvait une contrainte visible. « A Dieu seul, disait-il quelquefois, il appartient de prononcer sur la conscience des hommes. Qui de nous d'ailleurs est exempt de fautes ? Nous aurons tous à répondre devant le tribunal suprême..... et mon espoir pour moi-même se fonde en partie sur cette circonstance, que j'ai fait à la famille d'Orléans tout le bien qui dépendait de moi, et que, depuis 1830, je n'ai pas trouvé contre elle dans mon cœur une seule pensée de vengeance, un seul sentiment de haine. »

J'ai recueilli avec une sorte de soin religieux les nombreuses narrations de Charles X, en leur conservant, autant qu'il a dépendu de moi, l'expression particulière qu'elles tenaient de sa manière de sentir, et de la tournure de son esprit. Jointes à de précieux documents que ma position me met à même de recueillir, elles me serviront à retracer plus tard l'histoire de ce prince, avec une exacte fidélité, en y reproduisant la vérité de son caractère.

Charles X avait conservé de bien faibles ressources dans son exil. Jamais devant une souffrance et un malheur il n'avait songé à une économie. La liste civile était regardée par lui comme le patrimoine des infortunés. Dans le temps où j'ai été au ministère des finances, j'étais en fréquents rapports avec un homme respectable qui jouissait bien justement de toute la confiance du Roi, le baron de La Bouillerie. Il m'a dit souvent : « Je tiens beaucoup au paiement de la liste civile par douzième, comme un moyen d'arrêter la générosité du Roi, et cependant je n'y parviens pas. Outre les pensions fixes, et les secours qui absorbent plus du quart de toutes nos ressources, il donne tout ce qu'il a dès qu'il se présente quelque nouvelle infortune. Quelquefois il me dit : « La Bouillerie, j'ai tout donné, il ne me reste pas même une pièce de vingt francs, et cependant il y a de pauvres gens qui souffrent... Prêtez-moi de votre argent pour les secourir ; je vous le rendrai le mois prochain. » Aussi, ajoutait M. de La Bouillerie, s'il arrivait quelque nouvelle catastrophe, il n'aurait pas une obole... » La catastrophe est arrivée, et sans les soins prévoyants d'un serviteur fidèle, il n'aurait pas eu effectivement une obole. Il lui resta strictement de quoi vivre, sans être à charge à personne ; et il sut prendre, sur ce strict nécessaire, de quoi secourir des malheurs, de quoi donner avec noblesse et générosité. Combien de fois lui avons-nous entendu dire dans son exil : « Je ne regrette rien de ce que j'ai perdu pour moi-même, j'ai besoin de si peu de chose; mais je ne voudrais pas que mes serviteurs fussent en souffrance; et je plains les infortunés que je ne puis plus secourir. »

Tous ceux qui, comme moi, ont eu l'honneur d'assister aux conseils de Charles X, savent avec quelle bonne foi ce prince était dévoué à ses devoirs; combien il chérissait la France, combien il désirait sa gloire et sa prospérité. Ils savent avec quelle sévère conscience le Roi et M. le Dauphin respectaient les droits acquis, les règlements, les lois sur la distribution des emplois et des grades. Jamais un passe-droit n'était fait sciemment. S'ils se sont trompés quelquefois, c'est que l'homme ne peut absolument éviter toute erreur; mais chez eux l'erreur ne fut jamais volontaire. C'est ainsi que je les ai vus agir au conseil; dans l'exil j'ai retrouvé leur même loyauté.

Charles X avait toujours son cœur en France. Même avec les étrangers qui avaient pour lui le plus d'égards, il ne pouvait, malgré son extrême politesse, maîtriser ses préventions pour son pays. Français par ses manières, son urbanité, son caractère, la tournure de son esprit, les souvenirs de sa première existence, les chagrins même de sa longue expatriation, nul, certainement, n'eut un amour plus franc, plus loyal, plus désintéressé pour sa patrie. C'était du fond de son âme bienveillante et généreuse que partirent ces paroles qui, en 1814, retentirent dans tous les cœurs : « Il n'y a rien de changé en France, je n'y vois qu'un Français de plus. »

O vous, mes compatriotes, vous qui conservez dans votre âme des sentiments de justice et d'impartialité, vous dont l'esprit s'élève au-dessus des étroites préventions des partis, vous qui réfléchirez sur cette destinée si constante de proscription et d'infortunes si dignement supportées, vous ne penserez pas sans regret qu'aujourd'hui en France et en Europe il est un Français de moins..... et que ce Français fut votre roi.

# PIÈCES OFFICIELLES.

## N I.

### ACTE DU DÉCÈS

DE SA MAJESTÉ LE ROI CHARLES X.

---

Nous soussigné, Pierre-Louis-Jean-Casimir de Blacas d'Aulps, duc de Blacas, etc..., premier gentilhomme de la chambre du Roi, chevalier des ordres, etc., etc., déclarons que nous trouvant à Goritz, dans les appartements de Sa Majesté le Roi Charles X, atteint d'une maladie que les médecins nous avaient déclarée très-grave, nous avons assisté à la mort du Roi, qui, après avoir rempli, avec une profonde piété, tous ses devoirs religieux, est décédé cejourd'hui à une heure et demie du matin, en présence de M. le Dauphin; de madame la Dauphine, de M. l'évêque d'Hermopolis, assisté de M. l'abbé Jacquart et de M. l'abbé Trébuquet; de M. le comte de Montbel, ancien ministre de Sa Majesté; de M. Billot, ancien procureur général; de M. le baron de Saint-Aubin, premier valet de chambre; de MM. les docteurs Bougon, médecin du Roi, Marini et Marcolini, médecins consultants; ainsi que de plusieurs personnes de service.

En l'absence de M. le chancelier de France, et nous trouvant seul des grands officiers de la maison du Roi, nous avons voulu constater le décès de Sa Majesté par une reconnaissance authentique de ses restes mortels. A cet effet nous nous sommes fait assister de M. le comte de Gleisbach, capitaine du cercle de Goritz; par M. le comte de Montbel et par M. Billot ci-dessus désignés; nous les avons introduits dans la chambre du Roi, à trois heures après midi du même jour. Après avoir attentivement regardé le corps du Roi, couché sur le lit où il avait expiré, ils ont déclaré qu'ils reconnaissaient parfaitement les restes de Sa Majesté le Roi Charles X. En foi de quoi, ils ont apposé leur signature au présent acte que nous avons signé nous-même et auquel seront annexés les rapports et procès-verbaux des médecins sur la maladie, la mort, l'autopsie, l'embaumement et l'inhumation de Sa Majesté.

Fait à Goritz, dans le château du Graffenberg et les appartements du Roi Charles X, le sixième jour de novembre de l'an de grâce mil huit cent trente-six.

Blacas d'Aulps.     Montbel.     Billot.

Wenz, comte de Gleisbach,
chambellan de Sa Majesté imp. roy. apost.,
son conseiller de gouvernement,
et capitaine du cercle de Goritz.

Bougon.     Baron Bourlet.

Marini.     Jacquart.     Trébuquet.

Marcolini.

---

## N° 2.

*Procès-verbal des accidents qui se sont successivement présentés pendant le cours de la maladie à laquelle a succombé Sa Majesté* Charles X<sup>e</sup> *du nom, roi de France et de Navarre.*

Aujourd'hui, le sept novembre mil huit cent trente-six, François-Marie Marcolini, docteur en médecine, médecin en chef de l'hôpital civil d'Udine, et de la maison des Enfants-Trouvés de cette ville; Jean Marini, docteur en médecine et en chirurgie, pratiquant à Goritz; et Charles-Jacques-Julien Bougon, chevalier de l'ordre du Roi (Saint-Michel) et de la Légion-d'Honneur, ancien professeur de la Faculté de médecine de Paris, et médecin de Sa Majesté Charles X, exposent que mardi, premier de ce mois, Sa Majesté a été, à la suite du refroidissement subit de l'atmosphère, atteint d'évacuations alvines répétées. Ces évacuations, que n'accompagnaient aucune douleur du ventre, aucun mouvement de fièvre, furent en conséquence négligées par Sa Majesté, et ce ne fut que le vendredi quatre, au matin, qu'elle commença à y faire quelque attention.

Alors étaient venues se joindre au trouble des fonctions intestinales une altération marquée de la voix, la perte de l'appétit, et une assez grande faiblesse générale; cependant le Roi resta encore levé toute la journée, il reçut à l'occasion de sa fête, et seulement vers le soir il fut obligé de se mettre au lit.

Au milieu de la nuit suivante les déjections alvines devinrent plus fréquentes, il y eut des vomissements, et dès lors ces deux évacuations présentèrent les caractères d'un liquide séreux, blanchâtre, inodore, et dans lequel étaient suspendus des flocons de matières albumineuses. A cette époque, le pouls commença à se déprimer, l'altération de la voix devint plus prononcée, les yeux s'enfoncèrent dans les orbites, leur pourtour et les ongles des doigts et des orteils prirent la couleur violacée; le ventre, sans qu'il y existât aucun point de sensibilité, donnait à la percussion un son mat dans toute son étendue; l'urine se supprima, et des crampes très-douloureuses et très-fréquentes se manifestèrent aux extrémités inférieures.

Des bains de pieds fortement sinapisés et dont l'emploi fut d'ailleurs suggéré par l'idée de la présence possible de la goutte sur les organes digestifs, des frictions répétées sur les membres avec des alcools antispasmodiques et stimulants, parurent un moment suspendre les accidents ; mais bientôt après , ils revinrent avec plus d'intensité, et vers les quatre heures de la nuit, les crampes ayant envahi les muscles de la respiration et le cœur, on craignit de voir périr immédiatement Sa Majesté.

Alors se compléta l'ensemble des symptômes caractéristiques du choléra-morbus, et dès ce moment ils persistèrent et s'accrurent jusqu'au milieu de la nuit suivante (une heure et demie du matin), époque à laquelle a succombé Sa Majesté.

Cependant le cinq, à cinq heures de l'après-midi, quelques symptômes de réaction eurent lieu, le pouls sembla se ranimer, la chaleur put être rappelée aux extrémités, elle devint même un moment générale; mais vers huit heures, ces symptômes favorables disparurent, les forces vitales s'anéantirent rapidement, une sueur froide et gluante recouvrit tout le corps, et à minuit, Sa Majesté, qui jusque-là avait conservé toutes ses facultés intellectuelles, les perdit sans retour.

Pendant les vingt et quelques heures qu'a duré le choléra-morbus auquel le Roi a succombé, aucun moyen de l'art, soit extérieur, soit intérieur, n'a été négligé; aussi les sinapismes ont été plusieurs fois répétés sur les diverses parties du corps, les frictions stimulantes continuées, les applications des corps échauffés incessamment répétées, et les sédatifs, les antispasmodiques et les excitants, en faveur desquels l'expérience médicale a prononcé, tour à tour employés selon la nature des accidents qui en réclamaient l'usage.

Fait à Goritz, lesdits jour, mois et an ci-dessus désignés, et ont signé après lecture.

Bougon.   F.-M. Marcolini.
          J. D$^r$ Marini.

## N° 3.

*Procès-verbal de l'exposition du corps de feu Sa Majesté* Charles X$^e$ *du nom, roi de France et de Navarre.*

Le six novembre mil huit cent trente-six, à quatre heures du matin, le sieur Bougon, déjà désigné au procès-verbal précédent, a fait procéder à l'exposition du corps de feu Sa Majesté Charles X, sur le lit de parade, dans la chambre où Sa Majesté avait succombé ; et préalablement il a fait remarquer et fait observer à MM. les officiers de la chambre la continuation des contractions qui au moment de la mort avaient lieu dans tous les muscles de la face, la persistance de l'état violacé des doigts, des orteils et du pourtour des yeux, l'affaissement déjà très-prononcé des cornées transparentes, enfin la roideur, comme tétanique, des muscles des extrémités inférieures, et surtout de ceux des mollets.

Puis, le corps de feu Sa Majesté, après avoir été successivement lavé avec des eaux aromatiques et frotté à plusieurs reprises avec des alcools également chargés de substances aromatiques, a été placé dans le lit, en suivant, à cet égard, les usages de la cour de France.

Ledit procès-verbal fait et signé à Goritz, lesdits jour et an que dessus, et ont signé.

Bougon.    Baron Bourlet.
                Legros.
                Barthelemy Moors.

## N° 4.

*Procès-verbal de l'ouverture et de l'examen anatomique du corps de feu Sa Majesté* CHARLES X<sup>e</sup> *du nom, roi de France et de Navarre.*

Aujourd'hui, sept novembre mil huit cent trente-six, les soussignés, déjà désignés au premier procès-verbal, se sont, en présence de Son Excellence Monseigneur le duc de Blacas d'Aulps, premier gentilhomme de la chambre du Roi ; de Son Excellence M. le comte de Montbel ; de M. Billot, ancien procureur général ; de M. le baron Bourlet de Saint-Aubin ; de M. Louis de Balklai, docteur en médecine, commissionné à cet effet par Son Excellence Monseigneur le gouverneur du littoral, et assistés de M. Joseph Marini, chirurgien municipal de la ville de Goritz, réunis, trente-six heures après la mort de Sa Majesté Charles X, pour l'ouverture et l'examen anatomique de son corps, et avant qu'il fût déplacé du lit de parade où il était exposé, ils ont remarqué : 1° un affaissement considérable des yeux par suite de l'absorption presque complète de leurs parties fluides; 2° une grande contraction des doigts et surtout des pouces, qui s'appliquaient fortement sur la racine des annulaires ; 3° les ongles étaient très-noirs, des taches violacées recouvraient le dos des mains, on observait des marbrures noirâtres sur les pieds, et les orteils participaient de la couleur des doigts; 4° enfin il y avait une rigidité considérable du tronc et des extrémités.

On a transporté ensuite le corps de Sa Majesté dans la salle destinée à l'examen anatomique, et là, les deux cavités thoracique et abdominale ayant été simultanément ouvertes, les soussignés y ont observé et fait observer :

1° Une injection évidente des extrémités capillaires veineuses dans le grand épiploon, aux différentes circonvolutions intestinales et spécialement à la petite courbure de l'estomac. 2° Ce viscère était fortement distendu par des gaz, tandis que toutes les autres parties du canal intestinal en contenaient très-peu. 3° L'estomac étant ouvert, a laissé échapper une grande quantité de liquide blanchâtre, semblable à celui que plus tard on a trouvé dans les gros intestins, et pareil à celui qui avait été rendu par le Roi dans la journée du cinq novembre. 4° La membrane muqueuse du duodénum était peu colorée par la bile, celle de l'iléum injectée dans les capillaires, et les glandes de Peyer et de Brunner sensiblement développées vers la fin de cette portion intestinale. 5° Cette injection veineuse existait encore, quoiqu'à un moindre degré, dans le cœcum, au commencement du colon, mais plus loin, on n'en apercevait plus aucune trace. 6° La consistance de toutes les membranes intestinales, considérées dans leur ensemble, était flasque, et elles se laissaient facilement détacher et diviser par les instruments. 7° La vésicule était distendue par un fluide dense et noirâtre, le foie injecté, mais cependant son volume et sa consistance ne s'écartaient pas de l'état naturel. 8° La rate s'est trouvée petite et mollasse, les reins dans l'état sain; mais un calcul mural, du volume d'une amande, était engagé dans le bassinet droit, et cependant Sa Majesté n'avait jamais éprouvé aucune douleur à la région du rein droit, jamais chez elle ni la sécrétion ni l'excrétion de l'urine n'avaient été troublées, mais à différentes époques de sa vie elle avait été atteinte par la goutte. 9. En fendant les reins selon leur longueur, leur parenchyme, d'ailleurs dans l'état normal, a laissé sortir une très-petite quantité de sérosité muqueuse, blanchâtre et n'ayant pas même l'odeur de l'urine. 10° La vessie contenait quelques gouttes d'une semblable sérosité ; ce viscère était très-contracté, et il paraissait y avoir une légère injection vers son col. 11° Les poumons étaient sains, mais tout le droit adhérait fortement aux parois du thorax et particulièrement à la partie supérieure. 12° Le volume du cœur était naturel, mais son tissu musculaire était flasque, et le ventricule gauche, qui contenait une grande quantité de sang noirâtre, poisseux et comme dissous, l'a laissé s'en échapper, à la manière d'un sirop, par l'ouverture aortique et l'aorte, lorsqu'on a suffisamment incliné le cœur de sa pointe vers sa base. Cet état pathologique du sang est d'ailleurs l'un des caractères spécifiques de la maladie qui a terminé si rapidement les jours de Sa Majesté, et il est en outre à noter qu'on n'a trouvé dans aucune partie du système vasculaire sanguin de sang coagulé.

La cavité cérébrale ayant été ensuite ouverte, on y a remarqué que le cerveau, le cervelet, la moelle allongée et leurs membranes étaient dans l'état naturel, à l'exception toutefois d'un peu d'injection qu'on observait dans la substance corticale, à la partie supérieure des hémisphères. Enfin, il faut observer ici que le système nerveux ganglionaire abdominal n'offrait aussi aucune altération dans son apparence et dans sa texture.

Maintenant, si de toutes ces observations anatomico-pathologiques, faites d'ailleurs avec le plus grand soin et dans le désir sincère de s'éclairer sur la nature de la maladie à laquelle a succombé Sa Majesté Charles X, les soussignés se rappellent 1° l'état déjà décrit du sang dans le cœur et dans les vaisseaux sanguins ; 2° les apparences des liquides trouvés dans l'estomac et dans le canal intestinal ; 3° la qualité de la bile vésiculaire ; 4° l'absence de l'urine dans les reins et dans la vessie ; 5° l'affaissement rapide des yeux ; 6° la coloration en noir des extrémités ; 7° enfin la contraction des doigts et la flexion des pouces dans la paume des mains, ils croient pouvoir y trouver la confirmation de l'opinion qu'ils ont précédemment émise dans leur premier procès-verbal.

Fait à Goritz, lesdits jour et an que dessus, et ont signé, après lecture :

BLACAS-D'AULPS.    J. M. MARCOLINI.

MONTBEL. BILLOT. BOUGON.    J. D<sup>r</sup> MARINI.

Baron BOURLET.    D<sup>r</sup> LOUIS DE BAKLAI.

JOSEPH MASINI,
Chirurgien de la ville de Goritz.

---

## N<sub>o</sub> 5.

*Procès-verbal de l'embaumement du corps de feu Sa Majesté* CHARLES X<sup>e</sup> *du nom, Roi de France et de Navarre.*

Et le même jour, sept novembre mil huit cent trente-six, immédiatement après l'examen anatomique du corps de feu Sa Majesté Charles X, le docteur Bougon, prenant les ordres de Son Exc. Monseigneur le duc de Blacas d'Aulps, et en présence de MM. les docteurs Marcolini et Marini, déjà désignés aux précédents procès-verbaux, a procédé, étant assisté du sieur Masini, et le sieur Ignace de Fornasari, pharmacien, demeurant à Goritz, fournissant les aromates, à l'embaumement dudit corps, lequel embaumement a été fait de la manière suivante :

Tous les viscères, qui avaient été détachés du corps pour l'examen anatomique, ont été, chacun séparément, nettoyés et lavés successivement avec le vinaigre, le vinaigre aromatique, l'alcool et l'alcool camphré aromatique, puis plongés et macérés dans l'alcool saturé d'hydrochlorate de mercure, à l'exception des poumons, des intestins et du foie, pour lesquels organes on a employé l'acide pyroligneux.

Pendant ces lotions, ces immersions et ces macérations diverses, les trois cavités splanchniques du corps ont été traitées de la même manière, et des incisions profondes et longitudinales ont été pratiquées dans l'épaisseur des parties musculaires du tronc et des extrémités. On doit observer ici que ces différentes incisions ont confirmé le fait déjà énoncé au procès-verbal de l'examen anatomique, savoir, qu'en aucune partie du système vasculaire sanguin il n'y avait de sang coagulé, et que ce fluide, d'ailleurs partout poisseux, noir et profondément altéré, était refoulé jusque dans les extrémités capillaires de ce système.

Le cœur, réservé pour une préparation particulière,

a été, après les lotions nécessaires, placé dans l'alcool aromatique.

Puis on a replacé les différents viscères dans leurs situations anatomiques respectives ; ces viscères ayant été préalablement enduits d'un vernis chargé de baumes orientaux et saupoudrés de poudres aromatiques. Des poudres plus fines et plus précieuses ont été employées pour la préparation du cerveau.

Les sutures exigées ont été ensuite pratiquées ; le corps enduit de vernis et recouvert de bandelettes, la tête, les mains et les pieds ayant été d'abord enveloppés de taffetas blanc.

Enfin le corps, embaumé comme dit est, a été placé dans un linceul et reporté sur le lit de parade. Dont et du tout a été rédigé le présent procès-verbal, à Goritz, lesdits jour et an que dessus, et ont signé après lecture : J. M. MARCOLINI ; D' MARINI ; JOSEPH MASINI, chirurgien de la ville de Goritz; BOUGON; IG. DE FORNASARI.

## N° 6.

# ORDRE

POUR LES FUNÉRAILLES

DE SA MAJESTÉ LE ROI CHARLES X.

---

S. G. le prince-archevêque de Goritz, voulant, assisté de son chapitre, de tout son clergé et des ordres religieux, célébrer les funérailles de Sa Majesté le Roi Charles X ;

M. le comte de Gleisbach, capitaine du cercle, et les chefs militaires ayant manifesté l'intention de suivre le convoi avec la garde bourgeoise, la noblesse, les notables du pays, les officiers de tout grade et les troupes de la garnison ;

L'ordre des cérémonies est ainsi réglé :

Demain, onze novembre, à neuf heures et demie du matin, M. le comte de Marnes et M. le comte de Chambord se rendront de leur logement, hôtel Strasoldo, au château du Graffenberg.

Immédiatement, et en leur présence, la levée du corps de Sa Majesté sera faite par le prince-archevêque assisté du chapitre.

Le convoi se mettra en marche de la manière suivante :

Un détachement de troupes, avec leurs tambours drapés, et leur corps de musique ;

Vingt-quatre pauvres en deuil portant des torches;
Les frères de la Miséricorde portant des flambeaux ;
Les religieux Capucins portant des flambeaux ;
Les religieux Franciscains portant des flambeaux ;
Le clergé des paroisses de Goritz ;
Le chapitre ;
S. G. le prince-archevêque ;
Le char funèbre surmonté d'une couronne et attelé de six chevaux drapés de noir ;

M. le comte de Marnes en manteau noir, accompagné de M. le duc de Blacas, premier gentilhomme de la chambre de Sa Majesté.

M. le comte de Chambord, en manteau noir, accompagné de M. le comte de Bouillé, aide de camp du Roi, et remplissant les fonctions de gouverneur du prince ;

M. le comte O'Hégerthy, écuyer commandant, dirigeant la marche du char funèbre ;

A droite et à gauche du cercueil et des princes, douze valets de pied portant des torches ornées d'écussons aux armes de France ;

A la suite et ensemble :

MM. le marquis de Clermont-Tonnerre, ancien ministre de Sa Majesté, et le comte de Tonnerre, son fils.

Le comte de Montbel, ancien ministre de Sa Majesté ;

Billot, procureur général de Sa Majesté ;

Le docteur Bougon, médecin de Sa Majesté ;

Le baron de Saint-Aubin, premier valet de chambre de Sa Majesté ;

L'abbé Jocquart, chapelain de Sa Majesté ;

L'abbé Trébuquet, attaché à l'éducation de M. le comte de Chambord ;

Le colonel du génie Mounier, *idem* ;

Le chevalier Cauchy, de l'institut de France, *idem*,

Le capitaine Guignard ;

De Sainte-Preuve, ancien garde du corps ;

Henri Billot ;

Les valets de chambre du Roi, portant des flambeaux ;

M. le capitaine de cercle ;

MM. les officiers, et les notables en deuil ;

Un détachement de troupes.

Des soldats borderont la haie.

En sortant du Graffenberg, le cortége se dirigera par le chemin de droite, et tournera devant le grand hôtel du comte Attems ; il parcourra la grande rue, la place Saint-Ignace, et les rues suivantes, jusqu'à la cathédrale.

Le cercueil, porté par le service du Roi, sera placé sur un catafalque disposé à cet effet.

Le service religieux commencera quand les princesses seront placées dans une tribune drapée de noir au-dessus du chœur ; que M. le comte de Marnes et M. le comte de Chambord seront dans le sanctuaire, suivis de M. le duc de Blacas et de M. le comte de Bouillé. M. le cardinal de Latil et M. l'évêque d'Hermopolis se rendront aussi dans le sanctuaire.

Les autres Français et les notables du pays se rangeront à droite et à gauche du catafalque, dans des places drapées de noir.

Après la messe et les absoutes, le cortége se dirigera dans le même ordre, par la même porte, et par la rue à gauche, vers le couvent des religieux Franciscains.

Le cercueil sera porté dans l'église et déposé dans le caveau funéraire de la famille des comtes de Thurm, situé devant la chapelle de Notre-Dame de Mont-Carmel.

Fait à Goritz, le 10 novembre 1836.

Blacas d'Aulps.

## N° 7.

*Procès-verbal de placement du corps et du cœur de feu Sa Majesté* CHARLES X<sup>e</sup> *du nom, roi de France et de Navarre, dans l'un des caveaux de l'église des révérends pères Franciscains de la ville de Goritz.*

Aujourd'hui, douze novembre mil huit cent trente-six, à midi, je soussigné, Charles-Jacques-Julien Bougon, chevalier de l'ordre du Roi (Saint-Michel) et de la Légion-d'Honneur, ancien professeur de la Faculté de médecine de Paris, etc., médecin de Sa Majesté Charles X, en présence de sa seigneurie M. François-Marie-Michel, comte de Bouillé, pair de France et aide de camp du Roi; de M. Charles-Marie-Antoine, baron Bourlet de Saint-Aubin; de M. Guillaume-Isidore comte de Montbel, ancien ministre de Sa Majesté; de M. Jean-François-Cyr Billot, ancien procureur général; du révérend Père Ferdinand Wontscha, provincial de l'ordre; du révérend Père Michel Ellersig, gardien dudit couvent; et assisté des sieurs Joseph Masini chirurgien, et Ignace Fornasari, pharmacien de la ville de Goritz, j'ai remis à S. Exc. Mgr. Marie-Louis-Jacques-Casimir duc de Blacas d'Aulps, pair de France, chevalier des ordres du Roi et premier gentilhomme de la chambre, le corps embaumé de feu

Sa Majesté Charles, dixième du nom, roi de France et de Navarre, lequel corps avait été le jour précédent, et avec tous les honneurs dus à son rang auguste, transporté dans ladite église.

Immédiatement après, et avec le cérémonial usité, le corps a été placé et scellé dans le cercueil de plomb disposé à cet effet au milieu du caveau de la famille des comtes de Thurm, au-dessous de la chapelle latérale dédiée à Notre-Dame du Mont-Carmel, et le cercueil de plomb a été ensuite renfermé dans un autre cercueil en bois de noyer.

J'ai également, et aussi en présence des personnes ci-dessus désignées, remis à S. Exc. Mgr. le duc de Blacas d'Aulps le cœur de Sa Majesté, que, le dix du même mois, j'avais, en présence dudit sieur baron Bourlet de Saint-Aubin, préparé et embaumé avec les poudres balsamiques et aromatiques les plus précieuses. Ce cœur a été aussitôt scellé dans une boîte de plomb et placé tout de suite dans un cœur de vermeil fermant à clef, laquelle clef a été remise à S. Exc. le duc de Blacas d'Aulps, et sur lequel étaient gravés ces mots :
« Ici est le cœur de très-haut, très-puissant et très-ex-
» cellent prince Charles, dixième du nom, par la grâce
» de Dieu roi de France et de Navarre, mort à Goritz,
» le six novembre mil huit cent trente-six, âgé de
» soixante-dix-neuf ans et vingt-huit jours. » Puis ladite boîte en vermeil a été fixée, à l'aide de plusieurs vis, sur le milieu du cercueil en bois de noyer, et le tout en-

veloppé dans un autre cercueil du même bois, sur lequel a été attachée une plaque en cuivre doré portant l'inscription suivante : « Ci-gît très-haut, très-puissant
» et très-excellent prince Charles, dixième du nom, par
» la grâce de Dieu roi de France et de Navarre, mort
» à Goritz le six novembre mil huit cent trente-six,
» âgé de soixante-dix-neuf ans et vingt-huit jours. »

Enfin on a fermé par un mur l'issue souterraine de ce caveau, et on a replacé la pierre tumulaire qui en ferme l'entrée supérieure dans la nef de ladite église.

Dont et du tout le procès-verbal a été rédigé et fait en double minute, l'une d'elles devant être laissée aux révérends Pères Franciscains dudit couvent.

A Goritz, lesdits jour, an et heure que dessus, et ont signé après lecture :

BOUGON.   MONTBEL.   LE comte DE BOUILLÉ.
BLACAS D'AULPS.   Baron BOURLET.   BILLOT.

P. MICHEL ELLERSBIG, gardien.

P. FERDINAND WONTSCHA,
Provincial de l'ordre des Franciscains.

IGNACE DE FORNASARI.

# N° 8.

# ACTE DE RECEPTION

### DU CORPS

## DE SA MAJESTÉ CHARLES X,

#### PAR LES RELIGIEUX FRANCISCAINS

—

Hodie, die duodecimâ novembris, anno millesimo octingentesimo trigesimo sexto, horâ tertiâ postmeridianâ, nos, Pater Ferdinandus Wontscha, provincialis ordinis Franciscanorum, et Pater Michael Ellersig, guardianus conventus (Castagnavizzensis) dicti ordinis, situati Goritiæ, præsentibus hisce, attestamur nos accepisse in depositum, et traditas in nostram custodiam exuvias mortales serenissimi, potentissimi et excellentissimi principis Caroli decimi nomine, per Dei gratiam regis Galliæ et Navarræ, mortui in dicta civitate Goritiensi, die sextâ hujus mensis.

Hæ exuviæ mortales, quæ, die præcedenti, erant conductæ in ecclesiam nostri conventus, comitante clero et capitulo ecclesiæ metropolitanæ dictæ civitatis Goritiensis, sacras fonctiones peragente celsissimo ac reverendissimo domino domino Francisco-Xaverio Luschin, principe archiepiscopo, hac die duodecimâ novembris, quemadmodum hoc idem contestatur processus verbalis, in nostro archivo repositus, fuerunt depositæ, sigillatæ, et obmuratæ in cryptâ familiæ comitum a Turri, quæ sita est infra capellam dedicatam, in nostrâ præfatâ ecclesiâ, beatissimæ Virginis Mariæ de Monte-Carmelo.

In quorum fidem, nos infra scripti Patres Ferdinandus et Michael tradimus præsens perceptionis instrumentum Suæ Excellentiæ domino domino duci de Blacas d'Aulps, equiti ordinorum regis, et supremo regis cubiculario, et nos obligamus nostro et hujus conventus nomine ad religiose asservandum hoc depositum regale.

Goritiæ, præfatis die, et anno, et horâ, et subscripsimus facta prælectione :

P. Michael Ellersig,    P. Ferdinandus Wontscha,
Guardianus Franciscorum.    Provincialis ordinis Franciscorum

---

Aujourd'hui, douze novembre mil huit cent trente-six, à trois heures de l'après-midi, nous, Père Ferdinand Wontscha, provincial de l'ordre des Franciscains, et Père Michel Ellersig, gardien du couvent (surnommé Castagnavizza) dudit ordre, et situé à Goritz, reconnaissons par le présent acte avoir reçu en dépôt, et comme confiées à notre garde, les dépouilles mortelles de très-haut, très-puissant et très-excellent prince Charles, dixième du nom, par la grâce de Dieu roi de France et de Navarre, mort à ladite ville de Goritz, le six de ce mois.

Les dépouilles mortelles, qui, le jour précédent, avaient été conduites en l'église de notre couvent par le clergé et le chapitre de l'église métropolitaine de ladite ville de Goritz, ayant à leur tête Sa Grandeur Monseigneur François-Xavier Luschin, prince-archevêque, ont été cejourd'hui douze novembre placées, scellées et murées dans le caveau de la famille des comtes de Thurm, qui est située sous la chapelle dédiée, dans notre dite église, à Notre-Dame du Mont-Carmel, ainsi qu'il conste du procès-verbal déposé dans nos archives.

En foi de quoi, nous, Pères Ferdinand et Michel soussignés, donnons le présent reçu à Son Excellence M. le duc de Blacas d'Aulps, chevalier des ordres du Roi, et premier gentilhomme de la chambre, nous engageant en notre nom et au nom des Pères dudit couvent, à garder religieusement ce royal dépôt.

A Goritz, lesdits jour, an et heure que dessus, et avons signé après lecture.

Père Michel Ellersig,    Père Ferdinand Wontscha,
Gardien des Franciscains.    Provincial de l'ordre des Franciscains.

— FIN. —

www.ingramcontent.com/pod-product-compliance
Lightning Source LLC
Chambersburg PA
CBHW070518100426
42743CB00010B/1858